コンクール文化論

競技としての芸術・表現活動を問う

JN103562

宮入恭平／増野亜子／神保夏子／小塩さとみ 編著

青弓社

コンクール文化論——競技としての芸術・表現活動を問う

目次

第6章　発熱するコンクール
――バリの伝統音楽グンデル・ワヤンの事例から　増野亜子　151

装丁――神田昇和

序章　なぜパフォーミングアーツを競い合うのか

宮入恭平／増野亜子／神保夏子／小塩さとみ

1　本書の問い

本書は、多様なジャンルや地域の事例を比較しながら、「音楽を競う」「舞踊を競う」とはどのような行為なのかを考えるものである。ピアノ、K－POP、民謡、琉球古典芸能、ストリートダンス、ポールダンス、合唱や吹奏楽、バレエ、インドネシアやアイルランドの伝統音楽など、本書に登場する音楽や舞踊は——というよりも私たちが日常接する音楽や舞踊のほとんどは——本来は必ずしも誰かと競い合うことを目的にしているわけではない。べつに優劣を競い合わなくても、音楽や舞踊に接することは十分な価値をもつ経験である。

しかし様々な地域で、様々なジャンルで、人々は音楽や舞踊を競い合うためにイベントを開き、優劣を決めてきた。このように音楽や舞踊を「競う」ために設けられた上演の場がコンクールである。コンクールには多くの演者たちが集まり、演奏・演技を披露して競い合う。パフォーマンスの価値や演者の技能が審査され、観客は勝者（あるいは受賞者）の栄誉に拍手を送る。

同じ演奏を聞いてもみんなが同じ感想をもつわけではないし、批評家の意見も一致しないことは多い。それなのにたくさんの——おそらくはそれぞれに才能豊かな——音楽家やダンサーを集めて、そのなかで誰が最も「優れて」いるのか、誰もが納得するように決着をつけることは、そもそも至難の業ではないのか。一般に音楽や舞踊の「価値」は文脈や状況、個人の主観によって変わるものであって、タイムやゴールを競うスポーツのような絶対的な評価基準があるわけではない。「YouTube」の再生数やＣＤの販売枚数は注目度や収益を限定的に示すことはできても、それ以上のものではない。また、「勝者」が生まれれば当然「敗者」も生まれる。「敗者」のなかには努力や才能を否定されたと感じて挫折感を味わう人もいるだろう。競い合うことは演者に心理的な大きな負荷をかける。それにもかかわらず、多くの人々がコンクールに参加するのはなぜなのか。競い合うことは音楽や舞踊に何をもたらすのか。このような問いから生まれたのが本書である。

2　競い合う場としてのコンクール

本書では、音楽、舞踊、芸能、武術などの身体性を伴う上演芸術（パフォーミングアーツ）を競い合うために組織されたイベントに焦点を当てる。こうしたイベントは「競技会」「コンペティション」「大会」「オーディション」などと呼ばれることもあるが、ここではとりあえずこれらをまとめて「コンクール」と呼ぼう。コンクールは、競い合うための固有な制度を備えた上演の場である。

パフォーミングアーツでの競争はコンクール以外の場面にも広く認められる。ダンサーやミュージシャンが互いをライバル視したり、ジャズのセッションで即興を競い合ったり、ラッパーが互いをディスり合ったりすることも広い意味での「競争」に含まれるが、ここで扱うコンクールは、競い合うこと自体を主眼に上演がおこなわれるイベントである。また広い意味での「コンクール」のなかには、建築のコンペなどのように、企画段階で競争し、採択されてはじめて形になるものや、すでに完成した作品を集めて、そのなかから入選作だけを展示する美術の公募展のようなイベントも含まれる。しかしパフォーミング・アーツのコンクールでは、基本的にその場でおこなわれた一回の上演が評価対象となり、競技のプロセスそのものが、一つのイベントとして組織される。(1)コンクールは競い合うための固有の制度を備えていて、その枠組みのなかで上演される。例えば参加者に年齢制限があったり、課題や上演時間があらかじめ設定されていたりする。審査員は一定の評価基準に従ってパフォーマンスを評価し、その結果は勝敗や順位という形態で発表される。細かい設定は異なっていても、多くのコンクールはこうした制度にのっとって実施されることで、少なくとも理念上は、多くの人が納得できるような結果を出す。

コンクールの結果は、演者や周囲の人々に様々な作用をもたらす。優勝者・受賞者にプロへの道が開かれたり、出身校の名声が高まったり、ジャンル全体が社会の注目を浴びて活性化することもあれば、スポンサーや開催地に経済的収入をもたらすこともある。コンクールを通して社会的な価値が生み出されるのだ。

このような場を指す言葉として「コンクール（concours）」というフランス語由来の外来語（上田泰史のコラム「近代的な「コンクール」の幕開け——十九世紀のパリ国立音楽院ピアノ科の場合」を参照）が日本で普及・定着したのは、一九三二年に新進音楽家の登竜門として日刊紙「時事新報」の主催で創設された「音楽コンクール」（一九八二年に日本音楽コンクールに改称した）がきっかけとされる。この名称の発案者を名乗る音楽評論家の増沢健美は、先に国内でおこなわれていたマンドリンの競演会に「コンコルソ（concorso）」というイタリア語が用いられていたことから、これに対抗してフランス語を採用したのだと述べている。それ以前の日本では「競研会」「競進会」「競演会」「競技大会」などの語が使われていたが、やがて「コンクール」という外来語が一般名詞としても広まった。(2)

現在、「コンクール」と聞いて頭に浮かぶのは、フレデリック・ショパンやピョートル・チャイコフスキーなどの名前を冠したクラシック音楽のコンクールや、ローザンヌ国際バレエコンクールのように、その分野の精鋭が競い合う場であるかもしれない。また、読者のなかには中学・高校時代にクラス対抗合唱コンクールや、吹奏楽などの部活動で地方大会・全国大会に参加した経験者もいるだろう。阿波踊りやエイサー、よさこいなどの民俗芸能でも、毎年大規模な大会が開催され、多くのアマチュア団体が優勝を競い合っている。

本書では、大規模な国際コンクールからローカルな地域芸能の大会まで、さらにはオーディション番組やスポーツ大会、学校の部活動も含めて、パフォーミングアーツが競われる様々な場を描き、それぞれの場が人々に何をもたらすのかを考察する。

3　コンクール文化を論じる

コンクールは立場や役割が異なる複数の人々が参加する、社会的な相互作用の場である。演者はパフォーマンスを通して、審査員は審査を通して、観客は声援や拍手、そしてときには審査への参加を通して、相互に影響を与え合う。

コンクールに関わる人々の行動は「本番」前からすでに始まっている。企画・主催者は何カ月も前から募集や準備を始め、参加者は練習と準備を重ねて「本番」に臨む。終演後にも参加者はメディアのインタビューを受けたり、次のコンクールを目指してさらに精進を続けたりする。その一連のプロセスの全体には、演者・審査員・観客以外にもさらに多くの人々——指導者、家族や友人、実行委員やスポンサー、メディアや批評家など——が関わっている。コンクールの宣伝ポスター、レッスンでの指導や助言、審査員の議論や会場での会話、メディアやSNSで拡散されるレビューやコメントなど、人々はそれぞれの行動を通して互いに関係性を築き、また互いに影響しあってコンクールという場を形作っているのだ。舞台上のパフォーマンスはこのプロセスのいわば頂点だが、同時に全体のごく一部分にすぎないともいえる。コンクールによって生まれる相互作用は、人々の行動や考え方、演奏・演技のあり方にはたらきかけ、ときにはそれらを大きく変化させていく。

コンクールの作用はイベントに直接関わる人々だけにとどまらない。コンクールには賞金や参加費、入場料、企業からの協賛金など経済活動としての側面もあり、主催者や地域社会が開催を通して収益を得ることもある。一九六九年から八六年まで続いたヤマハのポピュラーソングコンテストは多くのミュージシャンを輩出したが、それはプロを目指す若者にとってのチャンスであるだけでなく、協賛に名を連ねるレコード会社にとっても、将来ヒット曲を生み出す有望な人材発掘の場だった。[3] 浜松国際ピアノコンクールのように地名を冠したコンクールの開催は、多くの人を集めることで地元経済に恩恵をもたらすだけでなく、その土地の知名度やイメージ戦略にも貢献し、地域振興と結び付いている。またショパンやチャイコフスキーのような人名を冠したコンクールは、イベントの開催を通してその人物を顕彰し、その業績をたたえ、権威を確立する意味もある。

競技型のイベントでは、多くの人々が応援に参加することで共同体意識が強化されやすく、演者の出身地、国籍、人種や民族と関係づけられることも多い。国際コンクールでの日本人の受賞が大々的に報道されるのは、オリンピックやワールドカップでの日本チームの活躍と同様、普段はそのジャンルにさして関心をもっていない人も勝利や栄誉に引き付けられ、愛国心をくすぐられるからだろう。人々の間に共同体意識を醸成するコンクールは、中南米では民族的な文化復興運動と、また東南アジアでは国民文化の構築を目指す文化政策と結び付いてきた。[4] また各国代表が競い合う国際的なコンクールの場は、世界情勢や政治とも無関係ではいられない。西欧諸国の代表がポピュラー音楽で競い合うユーロビジョン・ソング・コンテストは、その社会的な注目度の高さから、ときに政治的なメッセージを表明する場として利用されてきた。[5] 二〇二二年にはロシアのウクライナ侵攻によって、チャイコフスキー国際コンクールが国際音楽コンクール世界連盟（ＷＦＩＭＣ）から排除され、ウクライナ侵略に批判的な欧米からの参加者が大きく減少したと報道された。[6] コンクールは社会的文脈によって形作られるために、コミュニティに広範なインパクトをもたらしうるのだ。

文化社会学者のリサ・マコーミックは、コンクールは「競争」の場であると同時に、参加者が音楽の喜びを共有し、ことほぐ、一種の「儀礼」でもあると指摘している。[7] パフォーミングアーツのコンクールは多くの人々を巻き込み、数々の変化をもたらしながら展開するダイナミックな磁場である。その多面的な作用を明らかにするためには、複数の視点から複数の事例を考えていくことが有効である。多様な事例を横断的にみていくことで、「パフォーミングアーツを競い合う」行為の多面性・多様性だけでなく、共通点もみえてくるだろう。

4　本書の構成

本書の各章とコラムでは、それぞれの筆者の関心や研究対象に従って、様々なジャンルでのコンクールの様相を論じている。以下ではいくつかのキーワードとともに、全体の見取り図を簡単に示しておきたい。

「登竜門」・メディア・スポーツ

第1章「エンターテインメントとしての国際音楽コンクール――第十八回ショパン国際ピアノ・コンクールのウェブ配信をめぐって」で神保夏子が論じるショパン国際ピアノ・コンクールと、第2章「オーディション番組の生存と越境」で吉光正絵が論じるダンスボーカルグループのオーディション番組は、どちらも演者が競争を勝ち抜くことが職業的なキャリアにつながる「登竜門」としての性質をもち、また競技のプロセス全体が社会的関心を集めるエンターテインメントとして受容される。なお、コンクールがもつエンターテインメント性、興行ビジネス、メディアの三つどもえ関係は後述するDリーグ論(第3章「対戦競技化するダンススポーツ――スポーツ化と芸術化のあわい」〔垣沼絢子〕)でも再び浮上する。

神保はコンクール主催者のアウトリーチ戦略やメディアでのコンクール受容を分析し、「若き天才たちの競演」がエンターテインメントとして、広い観客層にアピールしていることに注目する。吉光はオーディション番組がそれを勝ち抜くスターにとっても、そのプロセスを番組として提供する放送局やプロダクションにとっても、ファン獲得とマーケット拡大の手段であり、一種の「生存」競争だと論じる。芸能を職業として成立させてスターを生み出すためには、同時にファンを生み出す必要がある。競い合うことのドラマ性はメディアの威力によって強調され、ますます多くの人々を引き込んでいく。

続く上田泰史のコラム「近代的な「コンクール」の幕開け――十九世紀のパリ国立音楽院ピアノ

科の場合」がひもとくように、十九世紀のフランスでは音楽学校での修了試験は「コンクール」と呼ばれていた。試験とコンクールはともに参加者に努力と準備を要求し、専門家や教師による審査結果が合否や序列、点数で提示される、よく似た制度である。上田は史料に基づいて、当時のメディアで展開したコンクールの公正性批判を紹介するが、そこにみられる上演芸術を「競う」ことと「評価する」ことへの疑義や議論は、現在でも多くのコンクール文化にみられるものと共通している。

第3章「対戦競技化するダンススポーツ——スポーツ化と芸術化のあわい」で垣沼絢子が論じるDリーグはストリートダンスのプロリーグであり、競争そのものをエンターテインメントとして提供するビジネスである。ストリートダンスは路上から舞台への移行過程で本来の即興性や遊戯性を失いつつあったが、競技形態の復活によってそれらを取り戻した、と垣沼は指摘する。一方、第4章「ポール・スポーツ大会による規格化とポールダンスの実践——ポールダンスの行方を決めるのは大会なのか、ダンサーなのか？」でケイトリン・コーカーが論じるのは、Dリーグの例とは対照的に、ショービジネスとして踊られてきたポールダンスが競技スポーツとして規格化され、そのことによって性的なイメージから脱却していく過程である。個々のダンサーたちは、理念上は相いれないはずのスポーツとしてのポールダンスと、官能的なエンターテインメントとしてのポールダンスの間を柔軟に往復している。

同じく身体性に基盤を置きながらも、一般に舞踊は「芸術」として「スポーツ」とは異なる領域に属するものとされてきた。しかしフィギュアスケートのように芸術点を評価の一部とするアーティスティックスポーツは「芸術」に近接し、また数値評価による勝敗や順位付けを持ち込むパフォーミングアーツのコンクールは「スポーツ」に近接している。「芸術」と「スポーツ」の「あわい」にはグラデーションがあり、一方から一方へと移行することもあれば、そうした変化のプロセスからこぼれ落ちていくものもある。今村宏之のコラム「闘えない人々の闘い――競技空間の外にいるインドネシア武術愛好者について」が取り上げるインドネシアの伝統武術プンチャック・シラットは、もともと芸能や宗教との関わりも深い多面的な実践だったが、現在は近代的スポーツとして制度化が進んでいる。今村は、意図的に勝敗をつけない社交としてのシラットが、制度化されたシラット大会の会場の周縁に息づいていることに注目している。

伝統・地域社会・教育

第5章「秋田県の地元一曲民謡大会にあつまる人たち――趣味になった民謡が生み出し支える場」で梶丸岳が論じる秋田県の民謡大会は、全体として参加者が減少しつつあるが、優秀な歌い手を顕彰する場としてだけでなく、民謡愛好者に活動のモチベーションを提供し、相互に交流する場として維持されつづけていて、ここでも舞台裏の「社交」は重要な意味をもっている。梶丸は、大会が継続されるのは、競い合うためであるとともに、「歌そのものが途絶えないように」するためだと報告する。続く第6章「発熱するコンクール――バリの伝統音楽グンデル・ワヤンの事例から」で増野亜子が論じるインドネシア・バリ島のグンデル・ワヤンの事例では、コンクールの開催を契機に子どもの演奏者が増大し、ビジュアルを強調した新たな演奏様式が確立して、ジャンル全体が活性化している。また水上えり子がコラム「伝統音楽へ人々を巻き込む仕組みとしてのコンペティション」で取り上げるアイルランド伝統音楽のコンクールも、伝統の活性化と次世代の育成に貢献してきた。コンクールは演者の層を厚くし、社会的な認知度や関心を高めることで、伝統の継承や発展を促す効果をもつ。

コンクールの効果は地域社会に広く波及する。バリの伝統芸能はしばしば地域のアイデンティティーと結び付けられる。コンクールでの優勝は個人だけでなく、家族や地域の名誉として共有され、したがって周囲の人々も応援に熱が入るという循環構造がある。またアイルランドと秋田の事例は、規模は大きく異なるものの、前述の浜松の事例と同様に、コンクール開催地に大勢の人が集まる一種の「コンクール・ツーリズム」を生み出していて、開催地の地域経済にも効果を及ぼしている。

第7章「海を渡って琉球古典芸能コンクールに参加すること——ハワイの沖縄系人を事例に」で澤田聖也が論じる沖縄伝統音楽コンクールは、前述の登竜門と伝統継承の両側面をもつコンクールであり、また沖縄という土地と音楽の固有の結び付きを強化してもいる。特にハワイで生まれた沖縄系の音楽家にとってコンクールは、演奏にとどまらず独自のしきたりや人間関係を学ぶ機会であり、またウチナーンチュとしてのアイデンティティーを補強する場でもある。

第8章「学校とコンクール——競い合いのなかで何を学ぶのか」(小塩さとみ)と第9章「「バレエ大国」ニッポン——発表会文化の連続性として」(宮入恭平)はともに教育や学習でのコンクールを考察している。そこでは、コンクールがしばしば狭義の競争の場というよりも、学習成果を発表する場として機能することを示している。特に学校では競争性よりも、生徒が一丸になって一つのパフォーマンスを作り上げる協働の体験を重視する傾向にある。第8章で小塩さとみは日本の中学・高校の音楽教師へのインタビューを分析し、教育現場でのコンクールが学習の動機を提供するだけでなく、その体験が独特の「物語」として指導者と生徒双方の記憶に残ることに注目する。一方、第9章で宮入恭平は、もともとバレエが「お稽古事」として普及した日本で、国内のコンクールは必ずしもプロとしてのキャリアを開く道筋として機能せず、むしろバレエ教室に通うアマチュアの「発表会」的側面を強くもつことを指摘する。宮入はコンクールが資本主義に回収されてしまう構造にふれながら、競技性の後退とともに「コンクール＝発表会」がルーティンとして定着することで、その実施が自己目的化する可能性を批判的に検証している。学習・教育とコンクールの関係を論じる両章の対照的なアプローチは、コンクールというイベントの意味が決して一元的ではないことを如実に物語る。

各章が扱う事例は、地域やジャンルだけでなく、イベントの成り立ちや社会的背景も多彩であり、それに切り込む筆者の学問的な方法論や姿勢もそれぞれである。そのため各章で使用する用語や概念を一元的に定義したり、無理に方法論を統一したりはしていない。筆者がそれぞれの視点や文脈に応じて自由に論じることで、コンクール文化の多様性に迫ることにした。

各章の順番は前述のように内容的な関連性を考慮しているが、読者はどこからでも好きなように読み進んでもらってかまわない。序文で述べた以外にも、各章にはそれぞれ類似点や対照性がたくさんあり、様々な側面で互いに接続している。

人はなぜパフォーミングアーツを競い合うのか。本書はこの問いに対して単一の回答を提示するものではない。むしろ多様な事例をみればみるほど謎は深まっていくともいえる。しかし地域や分野の違いを超えて様々な事例を結び付けながら横断的に考えていくことは、それ自体が筆者たちにとって心躍る楽しい経験だった。各論のつながりを手がかりに、謎をさらに深めていく楽しさを読者のみなさんにも体験していただけたら、このうえない喜びである。

注

(1) 広範な「競争」を扱う論文集の序文で、デイヴィッド・スタークは一般的な競争（competition）と、コンクールのような競技の機会（competitions）とを区別している。David Stark ed., *The Performance Complex: Competition and Competitions in Social Life*, Oxford University Press, 2020.

(2) 神保夏子「「コンクール」という日本語はどこから来たのか?」「日本音楽協会」（https://classicmusic.tokyo/blog/concour/）［二〇二三年七月三十一日アクセス］

(3) ヤマハのポピュラーソングコンテストは一九七一年までは「作曲コンクール」として開催されていた。「ポピュラーソングコンテスト」「ヤマハ音楽振興会」（https://www.yamaha-mf.or.jp/history/e-history/popcon/）［二〇二三年七月三十一日アクセス］

(4) 中南米や東南アジアでの文化政策とコンクールの関係に関しては *The World of Music*, 45(1), 2003（競技会特集号）を参照。

(5) Irving Wolther, "More than just music: the seven dimensions of the Eurovision Song Contest,"

Popular Music, 31(1), 2012.

（6）吉田純子「「この状況で…」音楽界の葛藤 侵攻下のチャイコフスキー国際コン」二〇二三年六月二十四日「朝日新聞デジタル」(https://digital.asahi.com/articles/ASR6R7343R6PUCVL03G.html)〔二〇二三年七月三十一日アクセス〕、「チャイコフスキー国際、最終結果発表 日本人は本選進めず 韓国健闘」二〇二三年六月三十日「朝日新聞デジタル」(https://digital.asahi.com/articles/ASR6Z5V9RR6ZUHBI009.html)〔二〇二三年七月三十一日アクセス〕

（7）Lisa McCormick, "Higher, Faster, Louder: Representations of the International Music Competition," *Cultural Sociology*, 3(1), 2009.

第１章　エンターテインメントとしての国際音楽コンクール
——第十八回ショパン国際ピアノ・コンクールのウェブ配信をめぐって

神保夏子

とうりゅうもん【登竜門】　困難ではあるが、そこを通れば出世の道が開かれると言われる関門[1]。

はじめに

二〇二一年十月、新型コロナウイルス感染症拡大による一年延期を経てワルシャワで対面開催された第十八回フレデリック・ショパン国際ピアノ・コンクールの模様は、公式ウェブサイト、モバイル端末とスマートテレビの専用アプリ、各種ソーシャルメディアを含む十のデジタルプラットフォームで、全世界に向けて配信された。会期中のすべての演奏は「最高の技術を駆使した[2]」高画質・高音質の動画としてライブストリーミング配信され、遅滞なくアーカイブ化された。主催の国立フレデリック・ショパン研究所（NIFC《ニフッ》）[3]の発表によれば、全プラットフォーム中で最も影響力があった「YouTube」の公式チャンネルは、コンクール会期を含む二一年十月、前回開催時の四倍に及ぶ三千七百五十万ページビュー——延べ八百万時間の視聴に相当——という記録的な数字を達成したという。[4]その実に半数以上を占めていたのが、日本からのアクセスだった。[5]

世界に数ある国際音楽コンクールのなかでも、五年に一度のショパン・コンクールは日本人にとってひときわ特別な存在であるらしい。ピアニストの故・中村紘子氏の回想[6]によれば、日本で「ショパン・コンクール・ブーム」と呼ぶべき現象が生じたのは、彼女が第四位に入賞した一九六五年以降のことであるようだ。折しも外貨自由化の影響を受けて海外旅行が盛んになったこの時期以来、マルタ・アルゲリッチやマウリツィオ・ポリーニなどの大スターを生んだ世界の舞台に夢を託して、日本の若きピアニストたちはこぞってワルシャワを目指すようになった。もっとも、コンクールに魅了されたのは演奏家だけではない。八五年、いわゆる「ブーニン・シンドローム」——ショパン・コンクールの覇者スタニスラフ・ブーニンが日本でアイドル並みのフィーバーを巻き起こした社会現象——の引き金になった第十一回コンクールでは、パック旅行でやってきた日本人の観戦団体がワルシャワの会場で異様な存在感を放ち、入場料の値上げに影響が出たことから現地で苦情が出たという話も残っている。事の是非はともかく、ショパン・コンクールはこのときすでにピアノを学ぶ少年少女の憧れの舞台であるばかりでなく、音楽ファン垂涎の鑑賞対象でもあったということになる。

ショパン（ワルシャワ）、チャイコフスキー（モスクワ）、エリザベート王妃（ブリュッセル）という著名な国際音楽コンクールの鑑賞を目玉にした日本人向けの（かなり高額な）ツアーは、筆者が知るかぎり、少なくともコロナ禍が本格化する前までは旅行商品として存続していた。もっとも、パンデミックによる渡航の制約や後述する配信技術の向上を経て、国際音楽コンクール鑑賞の主たる場は、いまやほぼ完全にインターネット上に移行した感がある。二〇二一年、多くのメディアがショパン・コンクールの特集を組むなど、パンデミック下にもかかわらず現地ワルシャワに赴いた音楽ジャーナリストらの奮闘にはめざましいものがあった。一方、多くのファンはタイムラグがある報道を待つことなくコンクールの配信をリアルタイムで鑑賞し、ネット上の議論に花を咲かせていた。この一連の経過を受けて、ファイナル終了直後の「朝日新聞」には以下のような記事が載った。

ひとつだけはっきり言えるのは、今回のショパン・コンクールがもはや、かつてのような「若手の登竜門」ではなかったということだ。ほとんどの国際コンクールが、今や音楽ビジネスにおける重要なエンターテインメントとなっているという現実を今回、ショパン・コンクールは明瞭に可視化した。(7)

本章では、第十八回ショパン・コンクールのウェブ配信の例を軸として、近年の国際音楽コンクールの変化の背景にあるものを、主に主催者側の視点から考察する。高級芸術《ハイアート》とされるクラシック音楽の、そのまた頂点と見なされてきたショパン・コンクールが、現在顕著にエンタメ色を強めている（ようにみえる）事態とは、いったいどういうものなのか。エンタメ化した国際コンクールは、はたして若手の登竜門としての機能を本当に失ってしまったのか。

1　ショパン・コンクールとは何か

フレデリック・ショパン国際ピアノ・コンクールは、一九二七年にポーランドの首都ワルシャワで設立された、今日まで存続しているなかで最も長い歴史をもつ国際音楽コンクールの一つである。その最大の特徴は、審査の全プロセスを通じて、ポーランドの国民的作曲家フレデリック・ショパン（一八一〇―四九）の作品だけが演奏される点にある。大作曲家の名前を冠した音楽コンクールは世界にあまたあるが、単一の作曲家の作品だけを演奏するという条件の下で、これほど絶対的な権威と知名度を勝ちえている例は類を見ない。創設者のイェジー・ジュラヴレフ（一八八七―一九八〇）はショパンの曾孫弟子にあたるピアノ教育者であり、新古典主義や新即物主義などの新たな潮流が支配する第一次世界大戦後の音楽界でショパンのロマンチックな音楽が否定的な評価を受けていることを深く憂えていた。この状況を打破しようと策をめぐらせるなか、ジュラヴレフはスポーツに全力投球する若者たちと「競技者たち以上に興奮する〈ファン〉という名の新しい現象[8]」にヒントを得て、音楽コンクールという競技形式を着想したとされる。以後、ショパンの演奏史でこのコンクールが果たしてきた影響力ははかりしれない。

「ポーランドの最も重要な音楽イベントにして世界で最も重要な音楽イベントの一つ」[9]と位置づけられるこのショパン・コンクールは、設立当初からポーランド共和国大統領の後援を受け、一種の国家事業として開催されてきた。幾度かの運営体制の変化を経て、ショパン生誕二百年にあたる二〇一〇年から、このコンクールは、ショパンのプロモーション、保護、研究、普及を使命とする前述のNIFCが主催するようになった。この年を境として、ショパン・コンクールでのメディアの役割や配信のあり方は大きく変化した。[10]近年コンクール事業以外の活動でも「デジタル分野にチャレンジ[11]」しているNIFCは、以下でみるように、現代的なテクノロジーやコミュニケーションツールの活用を通じて、コンクールの新たな可能性を追求しようとしているのだ。

2　配信とエンタメ化

ショパン・コンクールの全容が初めてインターネットで配信されたのは、主催がNIFCに交代する直前の回にあたる二〇〇五年のことだった。当時ピアノ専攻の学生だった筆者は、毎晩興味津々でパソコンの画面を開いていたものの、肝心の音声や映像は途切れたり固まったりを繰り返すばかり。とうていエンタメ感覚の鑑賞に堪えうるクオリティではなかったと記憶している。

それから十数年の時を経て、昨今ではほとんどの主要な国際音楽コンクールがウェブ配信をおこ

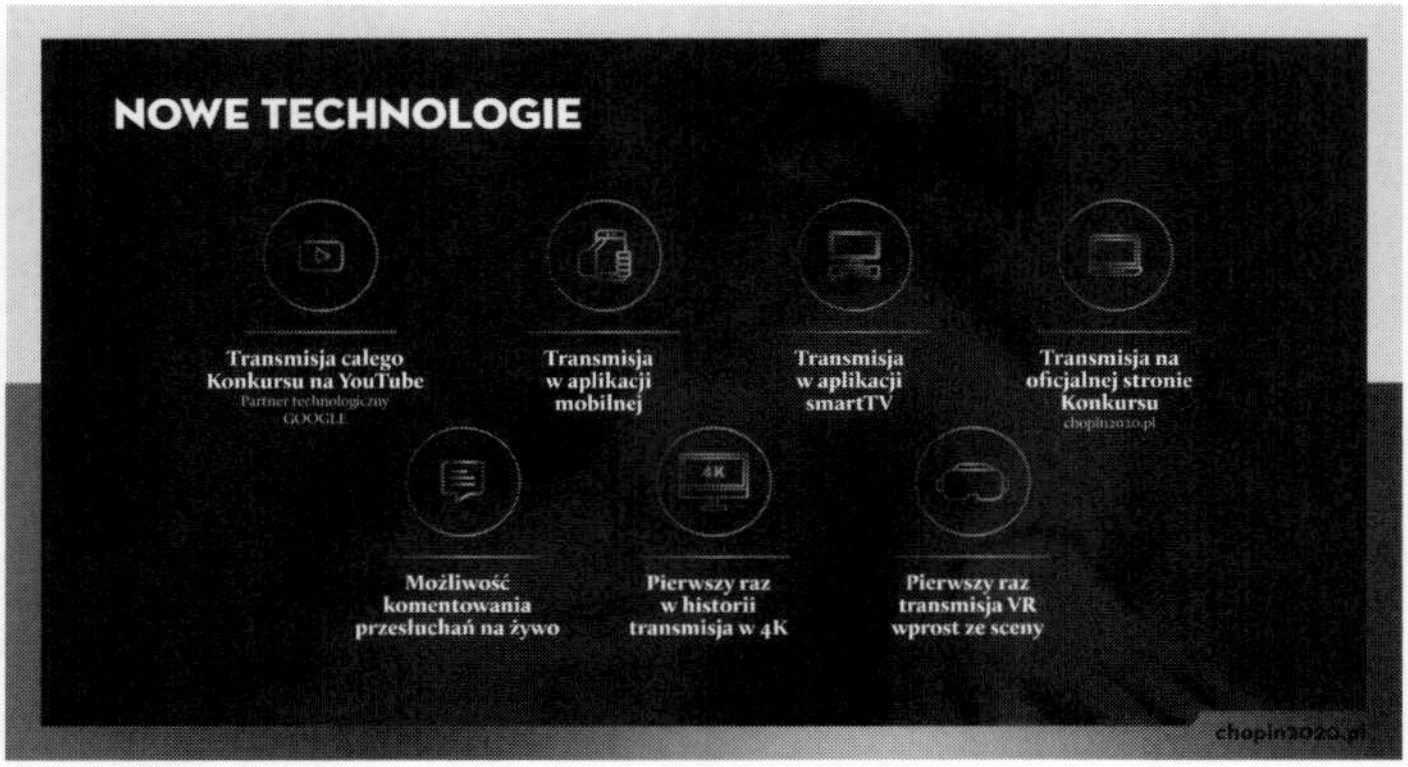

図1　第18回ショパン・コンクールでの「新しいテクノロジー」のアピール
（出典：「第18回ショパン・コンクール公式ウェブサイト」掲載の広報用資料 “18th International Fryderyk Chopin Piano Competition – Presentation.”〔https://media.chopin2020.pl/media.chopin2020.pl/f8ad60c747d840648a47c9c4738987f9.pdf〕［2023年7月15日アクセス］）

なうようになり、動画や配信プラットフォームのクオリティは格段に向上した。ショパン・コンクールでは、公式サイトや「YouTube」での動画配信に加え、二〇一五年には公式アプリが登場。続く二〇年の第十八回には、国際音楽コンクールとしては史上初の試みとなるVR（バーチャルリアリティー）技術を取り入れたパブリックビューイングのイベント[12]が、東京を含む世界の主要諸都市で開催されるはずだった。もっとも、その後のパンデミックの深刻化によってコンクールは一年延期になり、注目のVRはパブリックビューイングの計画もろとも雲散霧消してしまった[13]。一方、同回のもう一つの目玉だった初の4K解像度での動画配信は、結果的にコロナ禍中の「巣ごもり需要」を大いに満足させることになった。

伝統重視の保守的なイメージが強かったこのコンクールの、一見やや意外とも思えるテクノロジー面での積極性について、NIFCのスポークスパーソンのアレクサンダー・ラスコフスキは、「新しい聴衆、特に若者にアプローチすること」が主な目的なのだと説明する。

西洋クラシック音楽には、多くの人が様々な先入観をもっています。私たちは、クオリティを落とすことなく、魅力的でアクセスしやすい音楽を世界規模で提供することを心がけています。多くの人にショパンを聴いてもらうこと、そして理想をいえば、ショパンの音楽の真価を認めてもらうことが私たちの目標です。(略)テクノロジーは、ショパンを聴く喜びやコンクールを体験する喜びを友人と共有することで、プロモーションを自己永続的な装置とすることにも役立っています。(14)

ここで「若者」が主要ターゲットとしてあげられているのは、クラシック音楽の聴衆層の高齢化という、つとに知られた事態を受けたものだろう。公式サイトの説明でも同様に、コンクールでの「最新のテクノロジー」の活用は、参入障壁が高いと考えられがちなクラシック音楽の聴衆開拓という課題と結び付けられている。

二十一世紀は、私たちの生活様式、現実認識、期待、対人関係などをめまぐるしく変化させています。疑いなく、これはいわゆるハイカルチャーの提供者にとっての大きな挑戦ではありますが、同時にそれはハイカルチャーに参加できる機会が増しているということでもあります。

それは、これまでハイカルチャーから疎外されてきたような個人や社会集団全体にとっても同様です。(15)

現在、ジュネーブに本部を置く国際音楽コンクール世界連盟（WFIMC）の加盟コンクールの間では、オーディエンス・エンゲージメント（聴衆や視聴者をイベントに積極的に巻き込むこと）が喫緊の課題であるという共通認識がある。(16)同連盟の創立メンバーで業界の牽引役を自任するショパン・コンクールもまた、この方面でとりわけ積極的な動きをみせてきた。実際、公式サイトには折に触れて配信のインパクトについての様々な統計データ（その調査と分析は外部の二つの専門研究機関に委託されている）が掲載され、主催者にとってオーディエンスへのリーチが現在いかに重要な関心事になっているかがうかがえる。こうした視点からみるかぎり、パンデミック下の日本で顕著にみられたショパン・コンクールの「エンタメ」的受容は、決して単なる自然発生的な現象などではない。それは、コンクールの主催者側が念入りに仕掛けたオーディエンス・エンゲージメント戦略の成果そのものなのだ。

3 「才能は始まりにすぎない！」

新たな客層に向けたショパン・コンクールのアウトリーチへの関心は、配信ツールだけではなく、

図2　第18回ショパン・コンクールのスポット動画の一場面
（出典："Spot of the 18th Chopin Competition," Chopin Institute 公式「YouTube」〔https://www.youtube.com/watch?v=wQwJtaLGNHU〕［2023年7月15日アクセス］）

コンクール自体の「見せ方」にも表れている。その一例が、本大会開幕に先立って公開された「才能は始まりにすぎない！（Talent is just the beginning!）」と題するスポット（広告）動画[17]である。一人の少年の成長をショパンの青年期の作品『練習曲ハ長調 op. 10-1』とともに描き出すこの動画は、見る者の想像を、一人の出場者の演奏の背後にある膨大なドラマへと誘う。

冒頭、メトロノームのコチコチという音に合わせて練習曲をさらう少年の指さばきはたどたどしい。画面はすぐに切り替わり、かばんを背負って出かける少年の姿を映し出す。彼はほかの子どもたちがサッカーに興じている様子に一瞬目を向けるが、体育館の片隅に置かれたアップライトピアノにまっすぐ向かう。スピーカーから流れ出す少年の演奏に、遊んでいた子どもたちや掃除のおばさんが驚いて足を止める。少年は無心にさらい続ける。来る日も来る日も、朝も晩も。演奏は次第にスピードアップし、少年は青年になる。練習は夜遅く、くたびれ果てた彼が眠りに落ちるまで続く。青年はやがて、ショパンの胸像が置かれた建物の階段を上る。試弾時間は容赦なく終わりを迎え、開演のベルが鳴る。舞台袖が映り、拍手が響き渡る。『第十八回ショパン・コンクール／二〇二一年十月二十三日／4Kでの視聴はchopin2020.plで！」の文字とともにあらためて最初から始まる練習曲の演奏は、すでに完成の域に達している。ちなみに動画は曲の途中で終わっている。「続きはコンクール本編で」ということだろう。

こうした広告動画の制作にあたっては、ファイナルでのオーケストラとの共演や表彰式のような華々しい場面に光を当てて「スター誕生」のドラマを演出することもできたはずだ。しかし、ここで実際に描かれるのは第一予選の冒頭とおぼしき場面[18]までである。最終的な「審査結果」などはコンクールの一つの側面でしかない。視聴者の多くにとっては名前も顔もほとんど初めて目にするような出場者の一人ひとりに、コンクールにいたるまでの長い道のりと音楽への熱い思いがある。動画はそう訴えているように思われる。

視聴者のなかには、個々の出場者のパフォーマンスを「音楽的」にどのように評価できるのか、そこに「ショパン解釈」としてのどのような新しさを見いだすことができるのかという点を、評論家のように分析的に検討する者も当然いるだろう。しかし、そうした「玄人」的な聴き方を楽しめるオーディエンスが、特にインターネット上では決して圧倒的多数とはいえないことを、配信側は理解している。実際、この動画が示唆しているのは、昔ながらの「クラシック通」を自負する人々よりはむしろ、ドキュメンタリーやドラマの視聴者のあり方にはるかに近いのだ。

4　ヒューマンドラマに魅せられて

この第十八回ショパン・コンクールの現場レポーターとして各種媒体に膨大な記事を執筆した音楽ジャーナリストの高坂はる香は、会場で見かけたコンテスタントらの人間模様を、国際ピアノ・コンクールを舞台とする恩田陸の小説『蜜蜂と遠雷』（幻冬舎、二〇一六年）や漫画『ピアノの森』（一色まこと、講談社、一九九八―二〇一五年）のようなフィクションになぞらえた。(19) 両者はいずれも実在の国際ピアノ・コンクールの現場取材を経た作品だから、フィクションとはいえ現実のコンクールでの出来事との共通性が認められるのはある意味では当然である。興味深いのはむしろ、コンクールの取材に基づいて作られた小説や漫画のストーリーが、今度はコンクールを鑑賞するときの「見方」の一部を構成しているということだ。

こうした「見方」に関与しているのは、フィクションだけではない。二十世紀末以降、国際音楽コンクールを取り上げたドキュメンタリー映画が盛んに製作されるようになった。(20) この種の映画は一般視聴者を対象とするため、演奏自体よりも登場人物のヒューマンドラマに焦点を当てて物語化される傾向がある。(21) 第十八回ショパン・コンクールのドキュメンタリー映画『ピアノフォルテ』（二〇二三年）を製作したポーランドのヤクブ・ピョンテク監督もまた、「コンクールは人間について語るための口実でしかない」と言い切っている。「僕は音楽家ではない。だからこそ完全にアマ

図3　ドキュメンタリー映画『ピアノフォルテ』
（出典：「Pianoforte documentary film」トップ画像、「Facebook」〔https://www.facebook.com/PianoforteDoc/〕［2023年7月15日アクセス］）

チュアとしての問いを立てることができるし、それはこの映画を見る人の助けにもなるだろう[22]」

　コンクールをヒューマンドラマとして見ることを促す仕掛けは、現在、国際音楽コンクール周辺のいたるところに満ちている。外部のメディアばかりでなく、コンクール側が提供するコンテンツにも、各出場者の音楽性とともに彼らの人となりをも伝える材料が含まれている。例えば第十八回ショパン・コンクールの公式サイトやアプリからは、予備予選を含む全出場者の自己紹介（「About me」）と演奏の動画に加え、多くの出場者のインタビュー動画にアクセスすることができた。随時更新されるこの種のコンテンツからは、各人の音楽観や個人史、コンクールへの想いなどが垣間見られることもある。例えば二度目の出場で第四位に入賞した日本の小林愛実は、コンクールの公式インタビュー動画のなかで「前回のショパン・コンクールの前はピアノをやめようと思っていた」と明かす。「ショパン・コンクールがなければもうやめていたと思います。（略）だからこそショパンは、私にとってとても大切な作曲家なのです[23]」

バックステージでも、カメラは常に回っている。思うように弾けずに涙を流す出場者の姿や、ライバル関係を超えてともに励まし合う若い音楽家たちの友情は、演奏自体の見事さとはまた別の意味での「感動」を呼ぶ。モバイル端末やパソコンを介して遠く日本まで届くコンクールの生々しさは、様々なメディアを通じて拡散されるこうした細部の表象の蓄積からも生じている。

音楽プロデューサーのマイケル・ラングとメディア研究者のハーミート・ソーニーは、アメリカのヴァン・クライバーン国際ピアノ・コンクールを取り上げた二〇一六年の論文のなかで、昨今の同コンクールが『アメリカン・アイドル』や『ユーロビジョン』『ブリテンズ・ゴット・タレント』のようなポピュラー音楽のリアリティショー型コンペティションに近づいてきたと指摘した。[24]「コンクールから生じるプロダクト——スーパースター——に焦点を当てるのではなく、コンクール自体をプロダクト、すなわち観客を魅了するスペクタクルとして提示」[25]するこの傾向は、程度の差こそあれショパン・コンクールの配信にも共通し、スクリーンを通して鑑賞される現在の国際音楽コンクールの重要な特質になっていると考えられる。

5　登竜門というエンターテインメント

とはいえ、国際音楽コンクールというイベントには、依然として安易な「大衆化」を阻むような側面があることも事実だ。ショパン・コンクールに関していえば、この点が最も明確に表れているのは審査員の構成である。ファン票が審査結果を大きく左右するポピュラー系ダンス・ボーカルグループのオーディション（本書第2章「オーディション番組の生存と越境」〔吉光正絵〕を参照）などとは異なり、クラシックのコンクールの審査は通常もっぱらプロの審査員の手に委ねられる（聴衆の投票による聴衆賞が設けられる場合もあるが、多くの場合、本賞とは別カウントの扱いになる）。ショパン・コンクールでは、審査員の大半をポーランドのピアニスト・教育者や過去の同コンクールの入賞者が占めるのが長年の伝統だ。(26) 聴衆の積極的な反応は歓迎されるが、一般人にできるのは「推し」の出場者への応援メッセージを「YouTube」や公式ウェブサイトなどに書き込む程度のことである。熱心なファンのなかには、意見を「結果」に反映できないことを不満に思う向きもあるだろう。

一方、日本の大手コンクール、ピティナ・ピアノコンペティションを主催する全日本ピアノ指導者協会の理事の加藤哲礼は、「審査員が専門家の観点から〈結果〉を出すこと」には新たな聴衆を引き付けるうえでのメリットもあると述べている。すなわち、「音楽芸術そのものに「勝ち負けがない」以上、ある意味で疑似的な〈勝ち負け〉を設定して一種の分かりやすさを作り出すことは、聴衆開拓の入口においては、ひとつのアプローチになりうる」(27) というのだ。プロ審査員による「判定」は、聴き手にしばしば一喜一憂をもたらすが、「経験値の少ない聴き手」(28) にとっては、鑑賞上の一つの落としどころとして機能する可能性もある。

コンクールのエンタメ化の傾向はまた、参加者サイドにとっても新たな状況をもたらす。ラングとソーニーは、「ソーシャルメディアやインタラクティブなテクノロジーを通じて観客に直接アクセスする」ようになった現在の国際音楽コンクールには、勝者がすべてをとって敗者には何も残らないという意味での「ゼロサムゲームに競技者が閉じ込められずにすむ」[29]というメリットがあるという。すなわち、コンクールという場を通じて聴き手を魅了することができれば、たとえ上位入賞はかなわなくとも、新たなファンやスポンサーなどを獲得できる可能性は十分にあるというわけだ。世界の国際音楽コンクールのガイドラインを示してきた前述のWFIMCも、昨今では、コンクールは若い音楽家にとって賞を手に入れる場であるだけでなく、様々な出合いや学びの機会を得る場でもあるという趣旨のメッセージを発している。[30]

それでも、国際音楽コンクールというイベントの登竜門的性格は、完全に失われたとまではいえないだろう。プロを目指すクラシックの若手演奏家のほとんどは、現在もキャリア開拓の重要なステップとして国内外の様々なコンクールに挑戦しつづけている。優勝者だけがスーパースターとして名声を独占する時代でない（また、一つのコンクールで入賞しただけでスターになれるわけでもない）のは確かだが、演奏家としての将来の可能性を広げるためには——少なくとも二〇二〇年代初頭の時点では——たいていの若手ピアニストは関門としての競争のステージに何度も立たねばならない。入賞者以外は「敗者」というようなニュアンスは以前よりも薄らぎ、すべての出場者を応援しようというムードが盛んになってきたのは確かだとしても、ショパン・コンクールのようなトップ・レベルの国際コンクールの場合には、そもそも第一予選に出場する以前に厳しいスクリーニングがおこなわれていることを忘れてはならない。[31]自らの芸術にただひたむきに向き合おうとする若者たちも、スタートラインに立とうとした時点で容赦なくふるいにかけられるという現実がある。

登竜門と「エンタメ」とは、一つのコンクールのなかで容易に両立する。もっといえば、登竜門であることは、鑑賞対象としてのコンクールがもつ「エンタメ」性の本質的な一部でもある。小説『蜜蜂と遠雷』やマンガ『ピアノの森』のコンクールのシーンが（実際のピアノの響きなしでも）心を打つのは、音楽家としての生き方を真剣に模索する若者たちの奮闘や葛藤のさまが、登竜門への挑戦を通じて赤裸々に浮かび上がってくるためではないだろうか。

もちろん、実際のコンクールでは、こうした人間的側面はあくまで副次的なものであって、出場者たちが奏でる音楽が最大の焦点であることはいうまでもない。「クオリティを落とすことなく、魅力的でアクセスしやすい音楽を（略）提供」するのが現在のショパン・コンクールの目指すところであるとすれば、「才能は始まりにすぎない！」というキャッチフレーズは実に言い得て妙である。厳しい事前審査を経てショパン・コンクールの本大会に出場できるほどの者なら、一定以上の「才能」（クオリティ）は持ち合わせていて当然だ。多くの視聴者がこの「極上のエンターテインメント[32]」に待ち望んでいるのは、その先の「若き天才たちの競演」という物語なのだから。

おわりに

本章ではショパン・コンクールのウェブ配信の例を中心に、現在のクラシックの国際音楽コンクールがどのようにして若年層を中心とする新たな聴衆を取り込むことに腐心しているかを確認してきた。同コンクールは、配信技術の向上やＳＮＳの活用を含む高度なメディア戦略を通じて、一種のエンタメ路線に踏み切った。このことは、ハイカルチャーとして一般大衆との間に障壁を抱え込んでしまったクラシック音楽業界ならではの困難とも深い関係にある。ショパン・コンクールも加盟するＷＦＩＭＣの近年のガイドラインは、国際音楽コンクールを「入賞者のキャリアの進展の手助けとなる幅広い注目を与える」とともに、「音楽家、一般公衆、メディアを一堂に集め、音楽の特定分野のレパートリー、演奏伝統、歴史、文化の評価を高める場」[33]と規定している。あの手この手でオーディエンスを巻き込もうとする現在の国際音楽コンクールにとっては、メディアは周縁的な事象であるどころか、音楽文化の存続にも関わるような一種の生命線として捉えられているのである。

コンクールのありようは、音楽文化の「現在」を多層的に映し出す一つのバロメーターだ。パンデミックによってこれまで以上に注目が集まった配信文化は、今後のあらゆるコンクールの方向性にも影響を与えるだろう。コンクールのエンタメ化に伴う出場者のプライバシーの消費や青春群像劇としての受容は立場によって見解が分かれる問題かもしれないが、観客の動員を含む広い意味での「音楽文化振興」という大義がそこに少なからず関わっていることもまた事実だ。どれほどの批判が浴びせられたとしても、コンクールというイベント形式には確かに多くの人々の関心を引き付けてやまない「なにか」が存在する。出場者や現地の観客だけでなく、いまやオンラインの視聴者をも巻き込むことになったその「熱」（本書第6章「発熱するコンクール――バリの伝統音楽グンデル・ワヤンの事例から」〔増野亜子〕を参照）は、若い音楽家たちのかりそめの序列化の手段としての役割だけでなく、音楽文化自体の潜在的な動力源にもなっているのである。

注

（1）金田一京助／柴田武／山田明雄／山田忠雄編『新明解国語辞典』第四版、三省堂、一九八九年、九〇八ページ

（2）恒川洋子「音楽メディアのパワースポット＝ショパン国際ピアノコンクール」「ショパン」二〇二一年十二月号、ハンナ、三九ページ

（3）二〇〇一年設立。コンクール事業以外にも学会やシンポジウムの開催、書籍・楽譜の出版、博物館の運営、アウトリーチなどのショパン関係の幅広い活動をおこなっている。

（4）"The 18th Chopin Competition has won the Coryphaeus of Polish Music award!"「第十八回ショパン・コンクール公式ウェブサイト」（以下、「第十八回公式サイト」と略記）（https://chopin2020.pl/en/news/article/615/the-18th-chopin-competition-has-won-the-coryphaeus-of-polish-music-award!）［二〇二三年七月十五日アクセス］

（5）"The 18th Chopin Competition attracted millions of viewers and broke viewing records!"「第十八回公式サイト」（https://chopin2020.pl/en/news/article/611/the-18th-chopin-competition-attracted-millions-of-viewers-and-broke-viewing-records）［二〇二三年七月十五日アクセス］

（6）中村紘子『コンクールでお会いしましょう――名演に飽きた時代の原点』（中公文庫）、中央公論新社、二〇〇六年、一〇三―一〇四ページ

（7）吉田純子「ショパンコンクール、一級のエンタメに 世界が見守った群像劇を解説」「朝日新聞デジタル」二〇二一年十月二十一日（https://digital.asahi.com/articles/ASPBP45Q6PBPULZU003.html）［二〇二三年七月十五日アクセス］
（8）イェージー・ヴァルドルフ『ものがたりショパン・コンクール』足達和子訳、音楽之友社、一九八八年、七四ページ
（9）“About the competition.”「NIFC公式ウェブサイト」（https://konkursy.nifc.pl/en/miedzynarodowy/konkurs）［二〇二三年七月十五日アクセス］
（10）前掲「音楽メディアのパワースポット＝ショパン国際ピアノコンクール」三九ページ
（11）同記事三九ページ
（12）各地に設置された「ショパン・コンクール・ファン・ゾーン」と呼ばれる特設会場で、VRゴーグルを着用したオーディエンスが高画質で配信されるワルシャワのコンクールの模様を様々な視角から鑑賞するというもの。
（13）筆者による電子メールでの質問に対するNIFCの回答（二〇二二年三月二十二日）。
（14）同メール
（15）“Competition.”「第十八回公式サイト」（https://chopin2020.pl/en/about/about-competition）［二〇二三年七月十五日アクセス］
（16）神保夏子「「競争」から「共創」へ——国際音楽コンクールの現在」、土田英三郎ゼミ有志論集編集委員会編『音楽を通して世界を考える——東京藝術大学音楽学部楽理科土田英三郎ゼミ有志論集』所収、東京藝術大学出版会、二〇二〇年、六〇三—六〇五ページ
（17）Timecode Film Production studio 制作。「YouTube」では二〇二一年九月二十七日から配信の “Spot

of the 18th Chopin Competition.” (https://youtu.be/wQwJtaLGNHU)［二〇二三年七月十五日アクセス］。三十秒のショート・バージョンもあるが、ここでは二分二十秒のロング・バージョンを取り上げた。

（18）『練習曲ハ長調 op.10-1』は第十八回コンクールの予備予選と第一予選の課題曲群に含まれている。

（19）高坂はる香「反田恭平、『第18回ショパン国際ピアノコンクール』快挙の舞台裏『ピアノの森』彷彿とするドラマにファンも歓喜」「Real Sound」(https://realsound.jp/2021/11/post-906477.html)［二〇二三年七月十五日アクセス］。高坂（@classic_indobu）はまた同年十月八日に「Twitter」（現「X」）で以下の投稿をおこなっている。「日本勢、会場で仲よさそうにしている子達が揃って通過して、なんだかリアル「蜜蜂と遠雷」みたいになってきましたよね。神童デビューした子、ピアニスト以外の道に入りかけてる子、王子様キャラ的な子、破天荒系…。誰がどれとはいえませんが！」(https://twitter.com/classic_indobu/status/1446257428119629824)［二〇二三年七月十五日アクセス］

（20）Lisa McCormick, “Classical Music Competitions as Complex Performances,” in David Stark ed., *The Performance Complex: Competition and Competitions in Social Life*, Oxford University Press, 2020, p. 88.

（21）吉原真里『ヴァン・クライバーン国際ピアノ・コンクール――市民が育む芸術イヴェント』アルテスパブリッシング、二〇一〇年、二〇三―二〇四ページ

（22）「ショパンの映画撮影のバックステージ」「Facebook」(https://www.facebook.com/watch/?v=309601430534813)［二〇二三年七月十五日アクセス］

（23）「Chopin Institut（＝ＮＩＦＣ）公式」「YouTube」(https://youtu.be/Dsg4QAtYMGA)［二〇二三年七月十五日アクセス］

(24) Michael Lang and Harmeet Sawhney, "Dismantling of the star machine: New media and the shifting balance of performance and production in piano competitions," *Popular Communication*, 14(2), 2016, p. 81.

(25) Ibid., p. 81.

(26) 佐藤泰一『ドキュメントショパン・コンクール——その変遷とミステリー』春秋社、二〇〇五年、三二五—三二六ページ

(27) 全日本ピアノ指導者協会「音楽コンクールのインターネット・ライブ配信と聴衆開拓の可能性」、日本音楽芸術マネジメント学会編集委員会編「音楽芸術マネジメント」第十三号、全日本ピアノ指導者協会（ピティナ）、二〇二一年、一一一ページ

(28) 同論文一一一ページ

(29) Lang and Sawhney, op. cit., p. 75.

(30) 前掲「「競争」から「共創」へ」六〇一—六〇三ページ

(31) 第十八回ショパン・コンクールでは、応募者総数五百二人のうちＤＶＤ審査と現地での予備予選を経て七十九人が選出され、予備予選免除になる主要コンクールの上位入賞者を含めた計八十七人が本大会への参加を許可された。青柳いづみこ『ショパン・コンクール見聞録——革命を起こした若きピアニストたち』（集英社新書）、集英社、二〇二二年、九—一〇ページ

(32) 吉田純子「クラシック界、変わる「王道」ショパン・コンクール、多彩な入賞者」「朝日新聞デジタル」二〇二一年十一月五日（https://digital.asahi.com/articles/DA3S15101258.html）［二〇二三年七月十五日アクセス］

(33) World Federation of International Music Competitions（ＷＦＩＭＣ）, "Recommendations for an

International Music Competition," adopted by the General Assembly in Warsaw, 2011.

［付記］本章は、日本音楽協会のウェブサイトに掲載された拙稿「「才能は始まりにすぎない！」――ショパン・コンクールと配信文化」(https://classicmusic.tokyo/blog/chopin-cult1/)［二〇二三年七月十五日アクセス］と「『蜜蜂と遠雷』に見る音楽コンクールの魅力」(https://classicmusic.tokyo/blog/honey-enrai/)［二〇二三年七月十五日アクセス］をもとに大幅な加筆と再構成を施したものである。

第2章　オーディション番組の生存と越境

吉光正絵

1　オーディション番組への注目

本章では、コンクール文化に関連した現代的な実践の場としてオーディション番組を取り上げる。神保夏子によれば、コンクールとは「参加者が賞や順位をめぐって特定の分野で競い合うイベントを指す外来語」で、よく使われているのは「クラシック音楽」の分野である(1)。この定義を参考にすると、オーディション番組とはエンターテインメントやショービジネスの分野で賞や順位をめぐって競い合うイベントの番組だといえるだろう。

日本でも数多くのオーディション番組が放送されてきたが、ここ数年で人気が再燃している。従来のオーディション番組と異なるのは、日本だけでなく海外での活躍を視野に入れたダンスボーカルグループのメンバー選出が目的となっている点だろう。特に若い世代から人気があるのが、韓国発のオーディション番組である。代表的な番組に、韓国の有名プロダクションと日本のレコード会社が共同で制作した『Nizi Project（ニジプロ／虹プロ）』（以下、『虹プロ』と略記）と、韓国の放送局が制作し日本版や中国版もある『PRODUCE 101』シリーズがある。本章では、このような番組を韓国発オーディション番組と呼んで考察していく。

韓国発オーディション番組は、新型コロナウイルス感染症の流行による外出自粛期間に、動画配信サイトで放映されていた番組を朝の情報番組が紹介したことで人気になった。二〇二二年の『第七十三回NHK紅白歌合戦』には、韓国発オーディション番組で見いだされたダンスボーカルグループが複数出場して話題になった。(2) これらのグループは、日本出身者を含む場合、あるいは日本出身者だけで構成している場合があるが、韓国や日本だけではなく世界中にファンがいる。このような状況から、韓国発のオーディション番組が、グローバルな活躍を目指すダンスボーカルグループの登竜門になっていることがわかるだろう。次節からは、韓国発のオーディション番組では、国や地域を超えて人気になるダンスボーカルグループのメンバーをどのようにして選別し評価しているのかをみたい。

2 韓国発オーディション番組の特徴

韓国発のオーディション番組では、どのような基準によって順位や勝者を決定しているのだろうか。まずは日本での議論を手がかりにみていきたい。

オーディション番組に審査員として関わってきた竹中夏海は、審査基準の特徴として出演者が応募前から「きちんとトレーニングを受けている」ことによって可能になる「パフォーマンスの実力重視」をあげている。出演者にある程度の実力が備わっていることによって、歌やダンスがうまくなる過程や練習風景、失敗した場合を劇的に演出することが可能になり、見応えが生まれる。そのことで、専門的な知識をもたない視聴者も自然とパフォーマンス重視の選抜姿勢になっていくようだ。加えて、実力重視の審査基準によって評価され選抜されたことで、参加者自身が長い芸能人生を生き抜く根拠と自信を手に入れることができる。(3) 芸能人としての根拠がある実力と自信を手に入れることが、韓国のオーディション番組に出演する動機になっている。

社会学者の太田省一は、『虹プロ』に審査員として出演した韓国有名プロデューサーの審査基準に、「世界を見据えている」ことからくる「完成したプロフェッショナルなものを提供しようとする志向」があると述べている。そして、そうした視線が、日本特有の「完成していない未完成な存在の成長を見守り、応援する文化」と異なる点にも着目している。(4) ステージ・パフォーマンスの精度を上げて芸能人としての技量の完成を目指したい若者たちが、韓国発のオーディション番組に集まっているといえるだろう。

日本のオーディション番組との違いとして、選抜過程への視聴者参加がある。金成玟によれば、韓国でオーディション番組は「サバイバル・オーディション番組」と呼ばれている。番組を「成功させる鍵」は、「いかに多くの人が観るかではなく、いかに多くの人がその過程に参加するか」にある。出演者らの「熾烈な生存競争」に視聴者が多様な方法で直接関与する点が重要なのだ(5)。この場合の「生存」とは、番組に出演しつづけることを指す。韓国では、ファンが芸能人の写真を撮影して募金を集め、共同で広告を出す文化がある。有名な芸能人の誕生日にはソウルじゅうの駅やバス停、ビルなどがファンの出した広告で埋め尽くされている。これらを見るために渡韓する海外ファンも多い。オーディション番組では、出演者の「生存」の決定が、歌やダンスの専門家による評価だけでなく、視聴者投票や動画配信サイトにあげられたパフォーマンス動画の再生回数などによっても決定されるため、ファンによる広告活動は加熱する。こうした積極的な応援がオーディション参加者の「生存」に影響を与えることが、人気の秘訣なのである。

3　審査基準と選抜方法の変遷

ここでは、先にあげた実力重視や視聴者投票といった審査基準や選抜方法が韓国のオーディション番組でどのように構築されてきたのかについて、具体的にみていく。

韓国のオーディション番組に関する研究によると、二〇〇〇年ごろからオーディション番組が放送されるようになった。韓国の放送局が制作したオーディション番組では、視聴者投票が導入され、海外活動を視野に入れた審査がおこなわれていたが、デビューしたグループは短命に終わっていた(6)。

『虹プロ』の有名プロデューサーが審査員になって自社で育成する歌手を選抜するオーディション番組では、勝者の多くは小学生だったため十年近く訓練を受けたあとにデビューすることになった。この番組では、「私は能力のある人を選ばない。長い間一緒に活動しなければならないから人間性が良く、私がいいと思う人を選ぶ(7)」と人間性重視の選別基準が注目された。『虹プロ』でも話題になっていた人間性を最重要視する審査基準は、韓国特有の練習生制度によるところが大きいだろう。練習生制度とは、幼い年齢で特定のプロダクションと契約して歌やダンス、演技という芸能人としてのプロフェッショナル志向の専門的な訓練を受ける制度である。韓国発のオーディション番組には専門的な訓練を受けている参加者が多いという先にみた竹中の指摘は、この練習生制度によるものである。長いものでは十年にも及ぶ練習生期間を努力しつづけられる者だけがデビューできるため、韓国発オーディション番組出身者には、グローバルに活躍できる人材がそろっていると考えられるだろう。

先にみた二〇〇〇年ごろのオーディション番組は、一般応募者が参加するものだった。それらの番組で発掘されたあとで、特定のプロダクションに所属して長期間の訓練を積んだ練習生のうちデビューするグループのメンバーが選抜される過程が〇〇年代半ばごろから放送されるようになっていく。

先に竹中が指摘した「実力重視」や金が指摘した「熾烈な生存競争」という韓国発オーディション番組のイメージは、二〇〇六年に放映が開始された『リアルドキュメンタリー BIGBANG』（MTV）によるところが大きいだろう。番組は、練習生たちがパフォーマンス試験に向けて歌やダンス、作曲や日本語などの訓練を受けて努力する姿、そしてその苦悩や悲嘆をドキュメンタリータッチで追うもので、プロダクションの社長が実力不足と判断して契約を切った練習生が嘆き悲しむシーンを長尺で放映している。敗者の悲惨さと実力不足が強調されることで、デビューしたグループの価値と実力がより強調されている。

この番組に視聴者投票はなかったが、インターネットで無料公開された番組が韓国のポピュラー文化愛好者の間で話題になり、北アメリカやヨーロッパにも熱狂的なファンが生まれた(8)。この番組で結成されたグループの世界的成功によって、韓国の有名プロダクションが新しくダンスボーカルグループをデビューさせる場合には、メンバーを決定する過程をオーディション番組として放送することが慣例になった。

視聴者による感情移入とサバイバル要素の強化

先にみたように、韓国の有名プロダクションが自社の練習生からダンスボーカルグループのメンバーを選ぶ過程を公開するオーディション番組は、海外のファンから大きく注目されてきた。しかし韓国国内では、一般の応募者から視聴者投票で優勝者を選ぶオーディション番組が一大ブームを起こしていた。韓国のケーブルテレビ網Mnet（以下、Mnet と略記）が二〇〇九年から放送を開始した『SUPER STAR K』は、韓国の総人口の四パーセントにあたる百九十七万人が番組のオーディションを受けるほど話題になった。ジャーナリストの佐藤大介は、「自分と同じかそれ以下の境遇」にある「自分が感情移入できる出場者が『立身・出世』を体現することで、満足感を得る」傾

向を「代理満足」と呼んでいる。(9)

この番組では、出演者が悲惨な状況であるほど投票が集まる傾向があったため、苦しさをより誇張して表現する編集方法が発展した。「悪魔の編集」と呼ばれる特定の出演者に狙いをつけて悪いイメージを植え付ける演出手法である。パフォーマンスでのミスや性格が悪くわがままな印象を与える言動が、重苦しく印象的な効果音とともに何度も放送される。(10) その結果、一般人ばかりで焦点を欠く物語にメリハリが与えられ、よりドラマチックな構成が生まれる。視聴者に「代理満足」を与えることができる特定の出演者らが主人公の壮大で感動的な立身出世の物語が構築される。

有名プロダクション所属のダンスボーカルグループのメンバーを選抜するオーディション番組で視聴者投票が導入されたのは、二〇一三年に放送した『WIN：WHO IS NEXT』（Mnet）からである。この番組のキャッチコピーは、「百％視聴者投票によって勝者が決まってデビューするリアルサバイバル番組」だ。『SUPER STAR K』の勝者らで組まれたグループと無名の幼い少年たちから組まれたグループのどちらがBIGBANGの弟グループとしてデビューするのにふさわしいかを視聴者投票で決める。(11) 有名プロダクションからデビューするグループのメンバー選抜に視聴者が参加できることによってデビューグループへの感情移入がより強まる。この番組からは勝者としてボーイズグループのWINNERがデビューした。敗者になったグループは新たなオーディション番組でメンバーが再編され、ラップ担当のメンバーが獲得賞金額を競う地下ラッパー対象のオーディション番組でラップの技量を認められてからiKONとしてデビューした。オーディション番組に何度も参加し、努力して成長する過程を視聴者に見せ続けることが、韓国の芸能界では当たり前になった。

二〇一五年にMnetで放送された『SIXTEEN』では、日本出身者三人と台湾出身者一人を含むグローバルガールズグループのTWICEが送り出された。日本で流行した『虹プロ』の原型ともいえる作品である。先にみた『WIN』の視聴者投票はあくまでもデビューさせたいグループを選ぶだけだったが、この番組では視聴者投票による個人順位が発表されていて、個々の練習生に強い共感を抱くファンが生まれた。デビューする順位を表示する視聴者投票システムによって、グループ全体よりも個人を応援する傾向が強まっていった。このように、出演者の順位を決める視聴者投票によって、ファンの熱量が上がる一方で、ファンの分断化というネガティブな状況も生まれていった。

順位の可視化による応援の加熱化

視聴者投票によってダンスボーカルグループを結成するオーディション番組の集大成として最も話題を集めたのが、本章の冒頭でも紹介した『PRODUCE 101』である。この番組では視聴者を「国民プロデューサー」と呼び、「百パーセント視聴者投票」によって期間限定で活動するプロジェクト型グループをデビューさせることを目的としている。(12)

二〇一六年の第一シーズンでは、ガールズグループのメンバーを選ぶために、韓国国内のプロダクションに所属している練習生や、再デビューを望むデビューずみの歌手やアーティスト、プロダクションに所属していない歌手や学生などがデビューを目指す練習生として出演した。

この番組では、課題曲ごとに勝敗を競うグループバトルの華麗なステージパフォーマンスとともに、出演者の順位発表式が見どころになっている。出演者は、歌とダンスのレベルごとに異なる色の練習着を着て、名前、順位、所属プロダクション（日本版だけは出身地）を書いた名札を常に着用している。番組の最初に専門家が評価したレベルに応じて、練習生が全員で踊るシグナルソングでのステージの立ち位置と画面に映る分量が決定される。また、専門家が決定したレベル評価とは別に、順位は視聴者投票によって決定される。番組の見どころは、課題ごとにチームを組んでおこなわれるステージパフォーマンスの勝敗を競う「バトル」と脱落者を決める順位発表式である。「バトル」では、豪華なセットと華麗な衣装に身を包んだ練習生たちが、番組観覧に当選した視聴者の前でパフォーマンスを披露する。パフォーマンスの完成度と現場投票の結果次第では大幅な順位変動が起こる可能性がある。順位発表式では、頂点に豪華な一位の席があり、下にいくほど順位が低くなる巨大なピラミッド型のセットが組まれ、出演者らは自分の順位の席に座る。回を重ねるごとに席は少なくなっていき、最後の順位発表式で上位になったメンバーがデビューする。順位発表式の見どころは、生き残った練習生たちと脱落した練習生が別れを惜しんで泣く場面で、視聴者は、自分が応援する練習生を見続けることと悲しませないようにすることを目的に必死に投票し、多様な応援合戦を繰り広げる。

海外への越境

二〇一七年に放送されたボーイズグループのメンバーを選ぶ韓国版の第二シーズンでは、ファンたちの応援合戦が熾烈化し、韓国だけではなくアメリカのタイムズスクエアにも広告が出された。『PRODUCE 101』からデビューしたグループには、中国出身で韓国の大手プロダクションに所属していた練習生が選ばれたため、中国での応援も加熱していた。このシーズンでは、脱落者のうちファンの強い要望があった日本、中国、韓国出身の練習生から結成されたグループがデビューにいたっている。ここで選ばれた日本出身の練習生は、オーディションに参加して有名になったことで韓国で歌手としてデビューでき、憧れの対象から「これからは友達になろう」と言われたことで各国のファンから「成功したオタク」と呼ばれて人気になった。[13] このエピソードが、歌やダンスで輝きたいと考える若者たちの国境を超えた参加を促し、なによりも、日本からの韓国のオーディション番組への注目度を上げたのだろう。

二〇一八年には、中国の番組制作会社のテンセントビデオが Mnet から正式に版権を購入して『PRODUCE 101』の中国版として『創造101』を放映し、関連番組とともに中国でのオーディション番組ブームを再燃させた。[14] 中国版では有料投票のオプションが豊富だったため、投票資金を集めるためのクラウドファンディングが発達して新たな経済圏の誕生として注目された。

二〇一八年には日本のＡＫＢ48グループとの協働で制作された『PRODUCE 48』が韓国版第三シーズンとして放送された。[15] 投票は韓国からしかできなかったが、ＡＫＢ48グループに所属していた日本出身者三人を含むガールズグループが結成された。この IZ*ONE の活動終了後に結成されたグループには、日本出身者が含まれていることもあり、日本の『紅白歌合戦』にも出演して日本でも積極的に活動している。

二〇一九年に放送された韓国版第四シーズン『PRODUCE X 101』では、番組による投票操作をファンたちが指摘して事件化した。番組は打ち切りになり、デビューしたグループも解体された。この事件によって、韓国ではオーディション番組の人気が失速した。(16) 韓国の研究によれば、背景には、韓国での視聴者投票に関する批判の高まりがある。韓国ではオーディション番組以外にも毎週発表される音楽番組のランキングや年末に開催される授賞式にも投票システムを導入していて、「投票地獄」と呼ばれる状況になっていた。一九年には有料投票や有害サイトの広告閲覧が付帯した投票への批判が高まり、多様なファンたちが連帯して投票をボイコットした。その結果、外国のファンが投票する部門が設けられるようになった。(17)

二〇二〇年に放映が始まった『I-LAND』は、BTS（防弾少年団）が所属するプロダクションとMnetの合同プロジェクトだが、韓国では批判が多く注目されなかった。(18) しかし、グローバル投票システムがあって国外からも無料で視聴することができたため、日本や海外では人気になった。番組で結成された日本出身者一人を含むボーイズグループは、デビューからわずか半年でアメリカのビルボードのメインチャートにランクインし、期待の新星として世界中で注目されている。(19) このほかにもMnetが関わるオーディション番組で誕生したグループやそこで知名度を得たグループは、アメリカの音楽チャートで上位になることが当たり前になっている。視聴者投票型オーディション番組に対する韓国国内での批判が高まることによって、海外ファンがより感情移入しやすく投票にも参加しやすい仕組み作りが進められ、結果的にグローバルな人気をもつグループをデビューさせることに成功したと考えられるだろう。

韓国版が打ち切りになったあとも、『PRODUCE 101』の中国版や日本版はシリーズ化してデビューしたグループも順調に活動し、世界各地でファンを生み出した。中国正規版の『創造営』(テンセントビデオ)には、『PRODUCE 101 JAPAN』で人気になった日本出身の練習生が多数参加し、番組からデビューしたグループには、日本のレコード会社からデビュー経験があるトップダンサーやアーティストが選ばれている。[20]そこでも選ばれなかった日本出身の練習生たちが、韓国や日本のほかのオーディション番組に出演するなど、デビューできるまで国境を越えて関連番組に出演しつづける場合もみられる。グローバル投票システムによる国や地域を超えた投票は、オーディション番組の出演者の越境を促しているといえるだろう。韓国と日本や中国、諸外国のメディア企業間の国際連携が、韓国国内では批判が高まったオーディション番組の延命に寄与した。

4　審査過程の透明性と公平性の問題

ここまで、韓国発のオーディション番組の変化を時系列的にみてきた。韓国発のオーディション番組は、実力重視の生存競争としての物語と視聴者投票を発展させることによって、国や地域を超えた人気と話題性をもつようになった。この過程は韓国や日本、中国という東アジアでのメディアエンターテインメント企業間の連携や人材の流動化を生み出し、メディア環境の再編にも大きな影響を与えたと考えられる。

こうした状況について、視聴者投票型オーディション番組の草分け的存在である『アメリカン・アイドル』に関する議論を参考に考えてみたい。音楽研究者のリービー・ガロファロによれば、この番組の成功によって、「ブランディングの中核を担うスター」が誕生する過程を視聴者と共有することが、ヒット曲を生み出すために必要なことになった。ガロファロによれば、視聴者投票という「民主的な選出」によって、誕生したスターの審査過程の「透明性」と「実力の証明」がおこなわれるようになった。[21] メディア研究者のヘンリー・ジェンキンズによる『アメリカン・アイドル』に関する議論によると、視聴者は、「競争の結果は、正義、正直さ、公平性の問題という観点に従うべきだという確固たる信念」をもって投票するため、「競争の歪み」を発見すると番組への対抗戦略をとる。[22] 韓国のオーディション番組の場合でも、視聴者らは番組の編集方針や投票結果などに「歪み」を発見すると、番組や放送局に対する抵抗運動を起こしていた。オーディション番組での審査の透明性や公平性を重要視する傾向は、東アジアだけではなく欧米の番組でも共通してみられる傾向だということがわかるだろう。

視聴者投票型オーディション番組は、スターの誕生過程に直接参加したいというファンの夢をかなえる形態で誕生したともいえる。しかし、先にもみたが、視聴者は、グローバル化を進めるメディア・エンターテインメント企業に商業的に利用され搾取されている状況にあるとも見なしうる。ジェンキンズによれば、このような状況は、「グローバル化されたメディア産業の営為とミクロで草の根のファンたちの日常的な活動の混交」によって構築されていて、「主要なアクターであるファンたちには「反文化的で反政権的な価値観」がある。[23] 本章でみてきたように、韓国では、放送局やプロダクション、投票システム自体に対して多様なファン集団が連帯し、抗議運動や抵抗活動も起きている。そして放送局では、視聴者たちの要求や意見を反映させる形態で多様な双方向型のコンテンツを開発し運営してきた。日本の場合には、番組のファンによる大規模な抵抗運動などはおこなわれてはいないが、視聴者参加型の番組やメディア作品が増えていくにしたがって視聴者から運営側への要望やはたらきかけはより活発になるのではないだろうか。日本のテレビ番組やメディア作品を運営する企業と視聴者やファンとの双方向的なコミュニケーションや駆け引きがどのように展開していくのか楽しみでもある。

注

(1) 神保夏子「「コンクール」という日本語はどこから来たのか?」「日本音楽協会ウェブサイト」(https://classicmusic.tokyo/blog/concour/)［二〇二三年十二月十八日アクセス］

(2) まつもとたくお「2組はほぼ新人「紅白」K―POP勢が突如躍進した背景――ガールズグループ3組それぞれの魅力に迫る」二〇二二年十一月二十二日「東洋経済オンライン」(https://toyokeizai.net/articles/-/634457)［二〇二三年十二月十八日アクセス］

(3) 竹中夏海「韓国発「オーディション番組」人気の理由は?元審査員が「ずっと腑に落ちなかった」日本との決定的な違い」二〇二三年二月四日「クイック・ジャパンウェブ」(https://qjweb.jp/regular/82425/full/)［二〇二三年十二月十八日アクセス］

(4) 太田省一「『Nizi Project』『PRODUCE 101 JAPAN』……近年のオーディション番組のトレンドは?

人気集めた背景と理由を考察」二〇二〇年七月六日「ぴあ」(https://lp.p.pia.jp/shared/cnt-s/cnt-s-11-02_2_988510ce-38ed-4ef6-b7da-64e9cb42fb34.html)［二〇二三年十二月十八日アクセス］

(5) 金成玟「現代K—POPガイド——五つのキーワードで聴く／観る五〇曲」「ユリイカ」二〇一八年十一月号、青土社、二四二ページ

(6) チェ・ソマン「テレビオーディションリアリティショーの物語構造分析——〈スターオーディション偉大なる誕生〉と〈スーパースターK2〉を中心に」「韓国コンテンツ学会論文誌」第十二巻第六号、韓国コンテンツ学会、二〇一二年、一二一ページ(최소망「텔레비전 오디션 리얼리티 쇼의 서사구조 분석 : ＜스타오디션 위대한 탄생＞과 ＜슈퍼스타 K2＞를 중심으로」「한국콘텐츠학회 논문지」二〇一二年、一二一ページ)

(7) J. Y. Park『J. Y. Park エッセイ 何のために生きるのか?』米津篤八／金李イスル／徐有理訳、早川書房、二〇二一年

(8) イ・ウンジョン「ビッグバン「アジア15カ国で人気爆発を楽しみにしてください」」二〇〇七年七月二十五日「ソウル・ヨンハップニュース」(https://entertain.naver.com/read?oid=001&aid=0001706673)［二〇二三年十二月十八日アクセス］(「빅뱅 "아시아 15개국서 인기 폭발 기대하세요"」)

(9) 佐藤大介『オーディション社会 韓国』(新潮新書)、新潮社、二〇一二年、一七—一八ページ

(10) チェ・ナヨン「『シュスケ 3』、しっかりとした「悪魔の編集」初めて通じた」二〇一一年八月十三日「OSEN」(https://v.daum.net/v/20110813090305050)［二〇二三年十二月十八日アクセス］(「'슈스케3', 쫄깃쫄깃한 '악마의 편집' 첫방 통했다」)

(11) ソン・ナムウォン「YG サバイバル番組「WIN」視聴者投票がいよいよ開始!」二〇一三年九月二十六日「KStyle」(https://news.kstyle.com/article.ksn?articleNo=1978610)［二〇二三年十二月十八日

アクセス］

(12) 日本、韓国、中国の『PRODUCE 101』シリーズについては次の拙稿で論じている。Masae Yoshimitsu, "Popular Music and Fandom in the Smartphone Era," in Santaella, Mayco A., *POPULAR MUSIC IN EAST AND SOUTHEAST ASIA: Sonic (under) Currents and Currencies*, Sunway University Press, 2022, pp. 187-197.

(13) KENTA、尹秀姫聞き手・構成「〝成功したオタク〟が見据えるK―POPの過去と未来」、前掲「ユリイカ」二〇一八年十一月号

(14) 小山ひとみ「中国版〝プデュ〟から誕生した新たなアイドル ヤン・チャオユエ　時代の象徴になるまでのシンデレラストーリーを追う」二〇二〇年一月十一日「Real Sound」(https://realsound.jp/2020/01/post-483488.html)［二〇二三年十二月十八日アクセス］

(15)『創造101』と『PRODUCE 48』については次の拙稿に詳しく分析した。吉光正絵「越境する日韓中の若者文化――アイドル現象と女子力」、長崎県立大学国際社会学部編集委員会編『〝越境〟するヒト・モノ・メディア――国際社会学部』(「長崎県立大学シリーズ 大学と地域」第四巻)所収、長崎文献社、二〇一九年、六二―九七ページ

(16) ウォリックあずみ「韓国、アイドルファンも抗議デモ 愛すればこそ、裏切られた怒りは激烈」二〇二〇年五月三十日「ニューズウィーク日本版」(https://www.newsweekjapan.jp/stories/world/2020/05/post-93545_2.php)［二〇二三年十二月十八日アクセス］

(17) イ・ジヘン『BTSとARMY――わたしたちは連帯する』桑畑優香訳、イースト・プレス、二〇二一年(이지행『BTS와 아미 컬처』CommunicationBooks、三六―四一ページ)

(18) キム・ジヘ「Kポップアイドル工場アイランド…練習生の人権はありません」二〇二〇年七月十六

日「トレンド新聞」(https://www.khan.co.kr/culture/popular_music/article/202007162015005#csidx85f44ca7456973f9ec1f65a906df44c)［二〇二三年十二月十八日アクセス］(「K팝 아이돌 공장 아이랜드…연습생의 인권은 없다」)

(19)「ENHYPEN、米ビルボードメインアルバムチャート2週連続チャートイン！冷めないグローバルな人気！」二〇二一年六月三日「UNIVERSAL MUSIC JAPAN」(https://www.universal-music.co.jp/enhypen/news/2021-06-03/)［二〇二三年十二月十八日アクセス］

(20)「中国で大人気のアイドル…『INTO1』が日本初上陸　名古屋出身の賛多さん「メンバーは兄弟」」二〇二三年四月十三日「東海テレビ」(https://www.tokai-tv.com/tokainews/feature/article_20230413_26748)［二〇二三年十二月十八日アクセス］

(21) Reebee Garofalo and Steven Waksman, *Rockin' out: Popular Music in the USA*, Pearson, 2016, p. 452.

(22) ヘンリー・ジェンキンズ『コンヴァージェンス・カルチャー——ファンとメディアがつくる参加型文化』渡部宏樹／北村紗衣／阿部康人訳、晶文社、二〇二一年、一六六ページ

(23) Henry Jenkins, Mizuko Ito and danah Boyd, *Participatory Culture in a Networked Era: A conversation on youth, learning, commerce, and politics*, Polity press, 2015, p. 181.

［付記］本章は、ＪＳＰＳ科研費(20K12405)による助成を受けた研究成果の一部である。

コラム　近代的な「コンクール」の幕開け――十九世紀のパリ国立音楽院ピアノ科の場合

上田泰史

はじめに

コンクールという言葉は、フランス語の concours をカタカナに転写した外来語だ。このフランス語は、ラテン語の動詞 concurrere に由来する。concurrere はともに（con）＋走る（currere）という要素で構成されていて、そのほかにも「人々が同じ場所に集まる」「協働する」という意味をもつ。フランス語では「一つの目的を目指して協力する」という意味の動詞 concourir になり、そこに「競う」という意味が重ねられた。通常、コンクールという言葉からは、ライバル同士がしのぎを削る様子を思い浮かべるが、もとはこのように協調的な意味もある。そのため、近代ヨーロッパの音楽コンクールが生徒たちの集う学校教育で始まったのも、もっともなことである。フランスのパリ国立音楽・朗唱院[1]（以下、パリ音楽院と略記）の修了選抜試験は「コンクール」と呼ばれ、第1章「エンターテインメントとしての国際音楽コンクール――第十八回ショパン国際ピアノ・コンクールのウェブ配信をめぐって」（神保夏子）でみた現代的な音楽コンクールの一つの原型である。

コンクールと市民音楽教育

私たちが「クラシック」と呼んでいる音楽は西洋の教会や宮廷を中心に発達し、十八世紀の啓蒙主義からフランス大革命、産業革命の時代へと進むにつれて、その主な担い手は王侯貴族や教会から市民の手に移っていった。このコラムで扱うパリ音楽院は国家主導で市民教育をおこなうことを目的にした最初の機関で、フランス大革命の末期（一七九五年）に創設された。

コンクールという枠組みの成立には、この市民教育の制度化が深く関わっている。旧体制下では、音楽家の子どもは家庭内で専門教育を受けるので、階級や家柄によって初めから職業音楽家になることが約束されていた。そのような社会では、個人の技能や才能が初めから家柄に条件付けられているので、「優れた音楽家」をコンクールで選抜する必要がない。しかしパリ音楽院が設置され、ひとたび国民の誰もが性別・出自に関係なく職業音楽家になるための教育を受けられるようになると、(2)「優れた音楽家」が誰であるのかを決めるために生徒たちを競わせ、経験がある音楽家たちによって順位を決める必要が生じた。学内の修了選抜試験としてそれをおこなったのが、パリ音楽院のコンクールである。

血筋による階級から才能による階級へ

パリ音楽院のコンクールでは、このように等しく与えられた教育機会のもとで生徒たちが学習成果を競い、一等賞の獲得をもって修了が認定された。このような仕組みのなかで優れた音楽家を輩出することは、共和制の理念(自由・平等・博愛)を体現する文化的人材を国内外に知らしめるということでもあり、コンクールの受賞者には国家の文化的威信がかかっていた。それだけに、一等賞受賞者の名誉は本人の名誉であると同時に、一族のものでもあった。十九世紀はピアノがチェンバロに代わって急速に市民の間に普及した時代でもあり、ピアノ教師は人気の職業だった。習い事をするなら、誰もができるだけいい教師から指導を受けたいものである。社会的な尊敬を集める若い一等賞受賞者は当然、裕福な家庭の生徒を多く抱えることができた。こうして、パリ音楽院のコンクールは血筋による階級に代わる、才能による文化的階級を生み出す装置として機能するようになった。

審査員と課題曲

現在のコンクールや修了試験では、ピアノ部門ならピアニストが審査するのが一般的だ。しかし十九世紀、パリ音楽院ピアノ科のコンクールでは、作曲、和声、バイオリン、ピアノ、ホルンの教授など音楽院の様々な構成員から選出された審査員が、専門の垣根を超えて審査にあたっていた。その背景には、音楽の原理はどの楽器にも共通だ、という美学があり、とりわけ演奏表現様式についてはイタリアの声楽様式が音楽に共通の理想と見なされていた。[3]

十九世紀のパリ音楽院では、演奏教育は原則として男女別におこなうものと定められていて、[4]コンクールも男女別だった。一八一七年までは自由曲を弾くことができたが、翌一八年のコンクールから課題曲制が採用され、[5]見開き二ページ程度の初見曲[6]と課題曲が指定された。コンクール出場者が同じ楽曲で演奏を競うということには、出場者の演奏を同じ基準で比較できるという利点がある。初見曲の演奏とは、初めて見る楽譜をその場で弾くことで、楽譜を読む能力、即座に楽曲にふさわしい表現で弾く能力が試された。課題曲は、毎年男女それぞれに異なる曲が選ばれた。ピアノ科の課題曲は、いずれも独奏曲か協奏曲（管弦楽伴奏つきのピアノ曲）で、協奏曲の場合は、オーケストラを用意するには金銭的負担が大きいので、管弦楽なしの独奏版が一部抜粋で演奏された。協奏曲というジャンルが好まれたのは、技巧的なパッセージと歌唱性、さらに交響的で重厚な響きを兼ね備えていて、テクニックと表現様式を両面から審査するうえで好都合だったからである。

難曲を弾ききり、各分野で最高の評価を勝ち取った生徒だけが栄えある一等賞を手にし、パリの社交界にデビューすることができた。生徒は「パリ音楽院○○教授のクラスの一等賞」と紹介される。その肩書があれば、パリでも地方でも、諸外国の都市でも音楽界を渡り歩くことができた。フランスの音楽教育の威信を体現する権利は、それだけ狭き門を潜った少数の若者にしか認められなかったということである。

音楽雑誌「ル・ピアニスト」による問題提起

一八三四年、複数の雑誌・新聞でパリ音楽院のコンクール批判が大々的に展開された。批判の急先鋒になったのは前年に創刊されたばかりのピアノ専門情報誌「ル・ピアニスト」（*Le Pianiste*）である。「音楽院のコンクール」と題する記事[7]では、次の三つの論点が扱われている。

すなわち、「公開」の実際、「非合理」な審査体制、そしてテクニックの軽視である。

「公開」の実際

まず問題になったのは、コンクールの「公開」の実際である。もっとも、記者はコンクールが公開で実施されることに異議を申し立てているのではない。公開の実質的な範囲に疑問を投げかけているのだ。現在では、ライブストリーミング配信のおかげで、世界中の人がコンクールの様子を見ることができる。しかし、この当時は会場にきた人だけが「公衆」である。記者は来場者の内訳をこう分析する。音楽院院長見解では、（千七十八席中）[8]百二十席が「公衆用」に割り当てられている。ピアノ科のコンクール出場者を平均十六人と仮定すると、単純計算で出場者一人あたり七人前後の来場者があれば、公衆席は埋まってしまう。例えば、身内の応援にくる出場者の家族（両親と兄弟姉妹）と友人だけでも百二十席は埋まるだろう。同じく音楽院外のピアノ教師たちだけでも百二十席は埋まるだろう。コンクールに出場しない生徒や後輩たちを応援しにくる以前の受賞者だけでも公衆席は満席になるだろう。そして、公衆枠をいっぱいにするだけの一般の愛好家や有閑人もパリには存在する。記者は、たった百二十席を用意して「公開」と称するのははばかげている、と強く批判する。

「非合理」な審査体制

前述のとおり、審査員会は必ずしもその楽器の専門家ではなく、様々な科の教員で構成されていた。しかし、演奏の良し悪しは表現される感情以前に、技術面の学習成果として問われるべきだと記者は主張する。この背景には、教育の第一目的は技術習得だという考えがある。

テクニックの軽視

専門技術を軽視する傾向の原因を、記者は音楽院での学習期間の変化にも見いだしている。すなわち、賞獲得までの学習期間が短くなっているという傾向である。これは、音楽院の威信に関わる由々しき問題である。本来、教育機関を修了するということは、その機関が提供した教育メソッドを習得し、確実に演奏技術を身に付けたということであるはずだ。ところが記者によると、最近の生徒たちは入学前に一応の技術を身に付けてはいるものの、音楽院のメソッドをろくに学ばず論理的な指遣いをおろそかにしたり、作曲家の感情をよく考えず弾いたりする者もいる。そのような生徒が、はたして音楽院の顔として世間にまかり通っていいものだろうか、と記者は問いかけている。そして、この実態を詳細に記録したのが、同記事の中心をなす一八三四年のコンクールの検証レポートである。[9]

一八三四年のコンクール批判

とりわけ物議を醸したのは、その年のピアノ科男子クラスのコンクールである。この年、六人の出場者全員が受賞した。優劣を競う趣旨であるはずのコンクールで全員受賞という事態は、記者に不信感を抱かせた。会場にいた記者がつけた各コンテスタントの演奏評からは、受賞者の初見・演奏能力にかなりのばらつきがあったことがうかがわれる。例えば、一等賞を得たある生徒について、記者はこんな寸評を書いている。「見事にオクターヴを演奏するが、指はそれぞれ弱く、カデンツァはまったくできていない。初見演奏：可」。初見演奏は受賞評価には影響しなかったようで、別の生徒については「きわめて悪い出来」と判断した。ところが、この生徒は満票を得て二等賞を獲得した。[10] 初見演奏と課題曲演奏で記者が最高評価を与えた生徒については、このような講評が書かれた。当時の国際的な名手である「カルクブレンナー、ショパン、ベルティーニを聴いて利益を得ること。以上が彼のいましなければならない唯一の課題である」。この生徒は、審査委員会の判断でも一等賞だった。最終的に、出場者六人のうち三人が一等賞を獲得し、残り三人が二等賞という結果になった。記者はこの状況を厳しく批判する。「むやみやたらに賞を出す傾向は非難せざるをえない。というのも本当に賞に値する競争者に迷惑がかかり、音楽院の組織の道義的権威を弱めるからである」[11]

審査基準に専門性が欠如しているために、本当にピアノのテクニックに長けた生徒と同列に、演奏技術面で不完全な生徒が賞を得てしまう。音楽院は以後、この事態の解消に向けた措置をとりはじめる。

変化しつづけるコンクール

批判を受けて、まず審査員の構成が見直されることになった。一八三〇年以降一席しかなかったピアニストの外部審査員の枠が、三七年から四〇年にかけて二人から最大六人にまで拡大された。ところが受賞者数に関しては、三九年に男子クラスで再び全員受賞という事態が生じた。専門的な外部審査員を増やしたものの、慣習的に受賞のハードルが下がっていたために、結局のところ多くの受賞者を出す傾向に歯止めがかからなかったとみられる。これをみた老院長ルイジ・ケルビーニは、審査委員会の編成と受賞者数の制限に強い影響力を行使したようだ。というのも、翌四〇年と四一年のコンクールでの受賞者数は男子クラスで一等賞が各年一人ずつ、女子クラスでも四〇年の一等賞が二人、四一年の同賞が一人と、三人以上が同時に一等賞を受賞する事態が回避されたからである。四二年三月にケルビーニが没し、フランソワ・オベールが院長の座に就いた。その年のコンクールでは、〇九年以降、初めて一等賞に空席ができた。オベールが引退する七一年まで、男子クラスの一等賞と二等賞の受賞者数は基本的に各一人から二人に制限され、[12]積極的に次席枠（次席〔accessit〕は、今後受賞が期待される学生に与えられる称号）が活用された。受賞者数に関して、三四年の批判は四〇年以降、ようやく制度に反映されることになった。

おわりに

コンクール内で生じるこうした変化の背後には、演奏の目的をどこに設定するか、という問題意識がある。アリストテレス（紀元前三八四―三二二）は『政治学』の第八巻第六章ですでに音楽実践の目的は徳の形成にあり、競技を目的にした専門的技術教育を批判している。前述の「専門性の欠如」をめぐる議論も、つまるところ演奏の目的を「共通の感情」に見いだすパ

図1　パリ音楽院ピアノ科のコンクールの一こま（シャンによる風刺画）
「かんべんしてください！　もうじゅうぶん！　やめてください！　マドモワゼル！」
「一等賞よ！　でなきゃ、続けますわ！」
（出典：“Revue comique, par Cham,” *Le monde illustré,* Aug. 23, 1879）

リ音楽院の美学と、メチエとしての専門技術に見いだす記者の考え方の違いに端を発している。音楽院の美学は、知識によって音楽は誰でもその美についての判断力（趣味〔goût〕）を涵養できるという啓蒙思想に根差している。趣味に長けた人の理想とは、幅広いジャンルの作品・演奏の良し悪しを理性的に判断できる人である。つまり、専門を問わず音楽全般に造詣が深い音楽家でコンクール審査団を構成して審査を実施するということは、美学的観点からすれば、近代合理主義的な態度の表れである。しかし、この美学上の合理主義は、十九世紀前半、演奏教育の専門化に伴い技術教育上の合理性へと置き換えられていった。これには、生産効率を求める産業革命の影響も小さくはないだろう。

コンクールは社会の変化とともに、絶えず評価基準の更新を迫られる。そのときに重要なのは、時代の変化とコンクールの実態の間に生じる不協和音に耳を傾け、声を上げる人の存在である。それはコンクール主催者かもしれないし、コンテスタントかもしれないし、あるいはジャーナリストを含む聴衆かもしれない。コンクールとは、主催者・コンテスタント・聴衆の相互作用のなかで育まれていくものであり、そして、このプロセスこそが、時代を反映する生きた文化としてのコンクールの難しさであり、面白さでもある。

注

（1）現在はパリ国立高等音楽・舞踊院（CNSMDP）として知られる。古い呼称にある「音楽・朗唱院」の「朗唱 déclamation」は、ここでは舞台での演技を伴う朗読を指す。パリ音楽院は演劇学校も兼ねていた。

（2）ただし、入学には身体機能が十全で識字能力を有することが条件とされていて（一七九六年「音楽院総則 IX-4」）、実際に受験資格がある市民は限られていたと推定される。とはいえ、盲目の学生の入学が認められた例はある。ピエール・エドゥモン・オクメルはほぼ盲目の生徒だったが、ピアノ科のコンクールに出場し一八四五年にピアノ二等賞を得ている。Constant Pierre, *Conservatoire national de musique et de déclamation: documents historiques et administratifs*, Impr. nationale, 1900, p. 226, 776. ;Archives nationales de France AJ 37/264. また、当時職業的キャリアを積むことができたのは、ほとんどが男性だった。

（3）ピアノ演奏がイタリア声楽を模倣すべきだという考えは、例えば一七九五年から約二年間ピアノ教授を務めたエレーヌ・ド・モンジュルーの『完全ピアノ教程』（一八二〇年ごろ）の序文にも見いだされる。

（4）一七九六年「音楽院総則 XI-10」。オペラの男女合同稽古は認められていた。Pierre, *op. cit.*, p. 227.

（5）この決定は、総視学官フランソワ＝ルイ・ペルヌの提案（一八一七年十月二十九日）と作曲教授ルイジ・ケルビーニの合意に基づく。Pierre, *op. cit.*, p. 321.

（6）初見曲の楽譜史料は、ＣＮＳＭＤＰのウェブサイトで手稿譜が公開されている。"Présentation des lectures à vue." (https://mediatheque.cnsmdp.fr/lectures-a-vue)［二〇二三年六月二十六日アクセス］

（7）Anon., "Concours du Conservatoire de musique," *Le Pianiste*, 11, 1834, p. 166.

（8）一八二八年時点の席数。Antoine Elwart, *Histoire de la Société des concerts du Conservatoire impérial de musique.*, S. Castel, 1860, pp. 114-115. 記者は、公衆席数は実際にはケルビーニの認識よりも少ない九十六席にとどまるとしている。

（9）ここでいう「技術」とは、鍵盤上での指遣いや、速いパッセージでも正しく演奏できるかなど、演奏の身体的な側面のことである。

（10）Archives nationales de France, AJ 37/249/2, p. 541.

（11）Anon., *op. cit.*, p. 166.

（12）一八四八年と六九年は例外的にそれぞれ三人の二等賞を出している。女子クラスは男子クラスよりも生徒数が多かったため、最大で五人の一等賞が出ることもあった。

第３章　対戦競技化するダンススポーツ

——スポーツ化と芸術化のあわい

垣沼絢子

はじめに

二〇二四年のパリオリンピックに、ブレイキン（日本では従来ブレイクダンスと呼ばれてきた）が正式競技として追加された。オリンピック出場に向けて各種選手権がおこなわれ、二三年二月にはオリンピック前の最後の世界選手権が福岡で開催されている。

この世界選手権を開催しているのは、ＷＤＳＦ（World DanceSport Federation）と呼ばれる世界ダンススポーツ連盟である。[1]ＷＤＳＦはもともと、競技ダンス（社交ダンスを競技化したもの）だけを取り扱う団体だった。競技ダンスの大会開催で培ってきた経験を生かし、いまではダンスの大会の序列化や選手強化、審査員の育成など、オリンピックに向けたブレイキンの環境整備をおこなって

いる。(2)

本書の多くの事例が示すように、芸術的な要素を含む大会は、出場者・出場チームのパフォーマンスをそれぞれ個別に評価する採点競技の方針をとることが基本である。この点について、スポーツ科学者の町田樹は、芸術とスポーツの両面をもつ競技では、大会が舞台芸術と親密性をもつことから、「観戦」に加え「鑑賞」の観点からの審査――すなわち作品批評――が肝になると論じている。(3) 本書でも第9章「「バレエ大国」ニッポン――発表会文化の連続性として」(宮入恭平)で示しているように、コンクールやコンペティションの多くにも、発表会的な心性があると考えられる。

ところが近年、ダンススポーツのコンペティションで、個々のパフォーマンスを評価する「採点競技」から対戦回数を競う「対戦競技」へと、審査方法を変化させる動きが登場した。オリンピックのブレイキンと、WDSFが主催するブレイキンの世界選手権や国際大会がそれである。(4) この審査の変化は、舞台芸術的な側面をもつと考えられていたダンススポーツをどのように考え直すことを求めているのだろうか。

この変化を考えるために、本章ではまず、スポーツ大会の基本的な審査方法について解説し、芸術的な側面を強くもつダンススポーツがどのように位置づけられているのかを確認する。その後、ダンススポーツのうち、歴史的に舞台芸術と遠いタイプのものを簡単に考察する。その後、前記の問いを具体的に考えるために、二〇二〇年に発足した日本初のダンスのプロリーグ・Dリーグを例として取り上げる。Dリーグもまた、オリンピックに合わせて、二三年のシーズンでは、採点競技から対戦競技へと審査方法を変化させている。ストリートダンスの大会で、オリンピックに向けたスポーツ化の側面と、舞台芸術と近似した芸術性およびエンターテインメントとしてのショービジネス性、ストリートダンスの即興文化の保持は、競技内にどのように反映されているのだろうか。Dリーグでのコンペティションの役割を分析しながら、スポーツ（化）と芸術（化）の概念を再考したい。

1　対戦競技化するダンススポーツ

スポーツ競技の分類

はじめに、スポーツ競技の分類と、アーティスティックスポーツという概念を紹介しよう。町田によれば、スポーツ競技は一般的に、「対戦競技」「記録競技」「採点競技」に分けられる（表1）。対戦競技とは、野球やサッカーのように相手の行動に対して当意即妙に動作が方向づけられるもので、対戦の勝敗回数を競う。一方、記録競技では、陸上や水泳のように、よりいい記録の追求に特化した効率的な身体運動が発揮され、記録された数字の優劣で競われる。それらに対し、フィギュアスケートや器械体操などの美の体現を意図した身体運動が展開される競技では、芸術性を相対的に評価しうる採点基準に基づいて審査員が身体運動を点数化して、その点数の優劣が競われる。人の美的感性に基づく判断が直接影響されるのが採点競技というわけだ。

採点競技のスポーツには、技の難度や完成度が決め手になる身体運動の技術を追求するものと、

表1　スポーツの分類とアーティスティックスポーツの位置づけ

<table>
<tr><th></th><th>対戦競技</th><th>記録競技</th><th colspan="2">採点競技</th></tr>
<tr><td>評価対象になる身体運動</td><td>相手の行動への当意即妙な動作</td><td>より良い記録の追求に特化した効率的な身体運動</td><td colspan="2">美の体現を意図した身体運動</td></tr>
<tr><td rowspan="2">序列化の基準</td><td rowspan="2">対戦の勝敗の回数</td><td rowspan="2">記録された数字の優劣</td><td colspan="2">芸術性を相対的に評価しうる採点基準に基づいた採点点数</td></tr>
<tr><td>技の難易度と完成度（≒技術点）</td><td>技に加え、音楽性の表現（≒技術点＋芸術点）</td></tr>
<tr><td>競技例</td><td>野球、サッカー、ボクシング</td><td>陸上、水泳</td><td>器械体操</td><td>フィギュアスケート、ダンススポーツ</td></tr>
</table>

（出典：町田樹『アーティスティックスポーツ研究序説――フィギュアスケートを基軸とした創造と享受の文化論』〔白水社、2020年〕をもとに筆者作成）

「表現する」「踊る」といった動詞で表す身体表現の技術も含めて競うものがある。アートとスポーツの両面をもつ後者、「一人の人間が繰り出すパフォーマンス（演技）の中に、アスレティックな身体運動とアーティスティックな身体運動の融合が見られる競技」を示すものとして、町田が提唱したものがアーティスティックスポーツという概念である。定義を正確に引用すれば、アーティスティックスポーツとは、採点競技のスポーツのうち、「評価の対象となる身体運動の中に、音楽に動機付けられた表現行為が内在するスポーツ[5]」のことである。具体的には、フィギュアスケート、新体操、アーティスティックスイミング、インラインスケート、車いすダンス、スポーツカイトのバレー種目、ダブルダッチ、ダンススポーツ、チアリーディング、ロープスキッピング、バトントワリング、ラートなどがあげられる。

アーティスティックスポーツの芸術点の数値化には、当然ながら限界もある。「技術点」の評価方法が絶対評価にも相対評価にも対応できるのに対して、「芸術点」は相対評価による数値化でしかない、という点である。町田の分析例を紹介しよう。例えば芸術点のうち、音楽解釈の項目が八点のパフォーマンスと七点のパフォーマンスがあった場合を想定しよう。二つの点数差は、二つのパフォーマンスのどちらがより優れていたと考えられたかを示すことは可能だが、それらのパフォーマンスが実際にどのようなものだったのか、それぞれの点数がどのような基準で出されたのかは、まったく示しえない。技術点があらゆる競技者のパフォーマンスに適用できる統一的評価尺度として機能するのに対し、芸術点は同じ項目でもパフォーマンスごとに判断基準が異なるため、統一尺度としての機能をもちえない、というわけだ。いわく、アーティスティックスポーツの「芸術性」を評価する芸術点とは、「「ある限られた集団内」の優劣をあくまで相対化するための尺度に過ぎない」もので、「芸術性の真価どころか何も実質を伴わない。（略）ASの「アーティスティック」な側面の歴史を形作ることができるのは、点数ではなく、映像による記録や言葉による批評でしかない」ということになる。(6)

こうした課題は、本書に登場する様々なコンペティションの評価についても当てはまる部分があるだろう。アーティスティックスポーツのなかにはアートやエンターテインメントの興行としても自立することができる種目もあると町田が述べるように、アーティスティックスポーツの舞台芸術的な側面に光を当てることで、芸術点をどのように記述し残していくかという点について、採点の根拠を批評として記録して蓄積する方法が見いだされることは確かである。

序列化の基準	競技例
対戦の勝敗回数	野球、サッカー、ボクシング
記録された数字の優劣	陸上、水泳
技の難易度と完成度	器械体操
技に加え音楽性の表現	①フィギュアスケート ②ダンススポーツ

対戦競技と「芸術化」

ところで筆者は以前、町田が想定するアーティスティックスポーツは、フィギュアスケートのように事前に作品を作り込んで競技当日にそれを再現するという再現芸術の形式をもつものに限定されていて、他選手との直接のバトル形式をもって即興で当意即妙な動きが重視される競技ダンスやブレイキンなどのダンススポーツには当てはまらないのではないかと論じたことがある。[7] というのも後者は元来、他者に見せるものとして誕生したダンスではなく、他者と踊るためのコミュニケーションとして誕生したもので、誕生当初から、競技性をもって展開されてきたという経緯がある。実際、前者がショーとして舞台芸術の分野に即座に応用されうるのに対し、競技ダンスやブレイキンをショーとして表現するためには、「芸術化」という、制度上の変化と人々の認識の変化が必要になることが、すでにロバータ・シャピロの研究で明らかにされている。[8]

同様に、スポーツ科学者の河野由らは、二〇二四年と二六年に開催されるオリンピック・パラリンピックの採点規則を分析し、ブレイキンが多くのアーティスティックスポーツを含むほかの採点競技

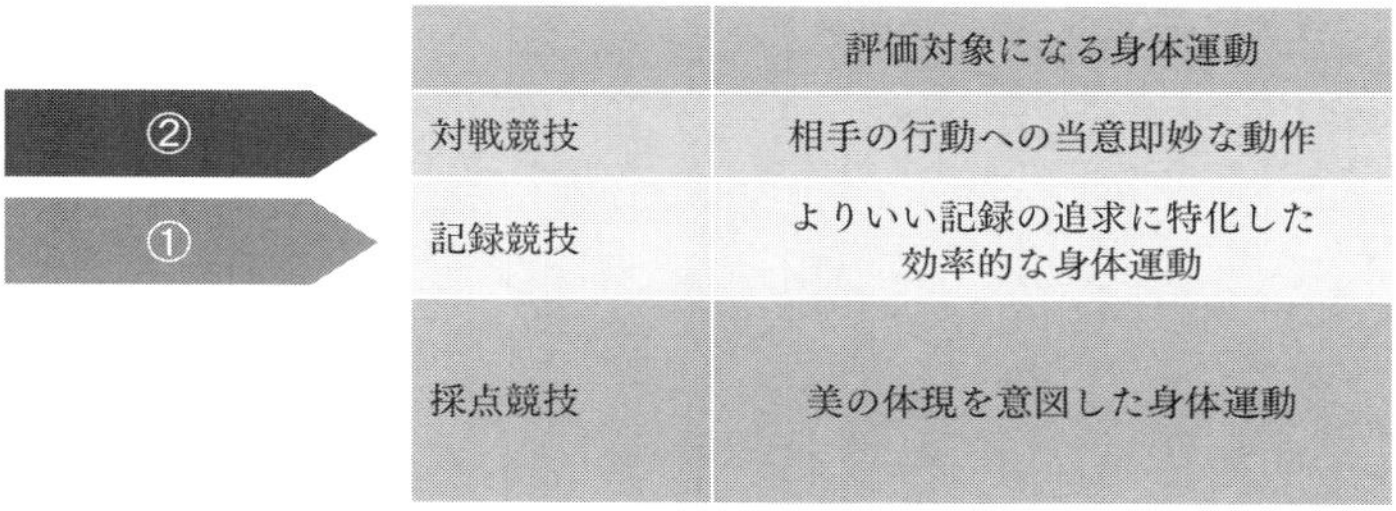

	評価対象になる身体運動
② 対戦競技	相手の行動への当意即妙な動作
① 記録競技	よりいい記録の追求に特化した効率的な身体運動
採点競技	美の体現を意図した身体運動

図1　回帰するアーティスティックスポーツ（筆者作成）

とはまったく異なる採点の特性をもつことを明らかにした[9]。それによれば、ブレイキンはサーフィンやスケートボードと同様に、具体的な数値を含まない定性的な採点基準をもち、相対評価で審査される点に特徴づけられるという。採点競技にはこのほかに、具体的な数量を含む採点基準をもとに絶対評価によって点数をつけるものがあり、そのうちの一つが身体運動だけを対象に減点法を用いて採点するもの、もう一つが環境や道具への評価や演技全体の総合的な採点を含むもの、に分けられたという。

　こうした分析に鑑みると、アーティスティックスポーツもまた、採点方法という点で大きく二種類に分けられると考えられる。記録競技に回帰していくものと、対戦競技に回帰していくものである（図1）。「芸術化」が絶対評価による作品批評を受け付けることができるのに対し、「スポーツ（競技）化」は必ずしも批評による評価を必要としない。「芸術化」するものが自己最高点を求めて記録競技化していく一方で、ブレイキンや競技ダンスのように他者との関係のなかでだけ競技として確立するダンススポーツの大会では、絶対評価を手放して勝敗数だけを競う対戦競技化していく様子がうかがえる。

ここで疑問が起こる。ダンススポーツが対戦競技化していくなかで、採点はどのようにおこなわれているのか。舞台芸術的な側面は、どのように担保され、あるいは排除されているのだろうか。これらについて考えるために、次節ではDリーグを例にあげて考察する。舞台芸術的な、あるいはエンタメショー的な側面を強くもつDリーグでは、採点基準の対戦競技化ははたしてどのような意義をもっているのだろうか。

2 Dリーグというコンペティション――プロスポーツという枠組み

まずはDリーグについて簡単に解説しよう。Dリーグは二〇二〇年に日本で誕生したストリートダンスのプロリーグである。野球に代表されるプロスポーツを参考に制度設計され、企業とプロ契約（スポンサー契約）を結んだダンスチーム同士で年間を通じて対戦するというビジネスモデルを打ち立てた。

対戦の構成は次のとおりである。全十二ラウンドのレギュラーシーズンの総合上位がチャンピオンシップに出場し、シーズンチャンピオンチームが決定される。年間を通じた優秀選手を表彰するなど、プロスポーツの要素が高い一方、競技では観客投票による点数も反映され、エンターテインメントとしてのショーの要素も保持している。

まずは簡単に、二〇二二―二三シーズンのDリーグの詳細を紹介しよう。ソフトバンクをトップパートナーに、第一生命保険をタイトルスポンサーに据えるDリーグでは、コンペティションに出場するダンスチームは、企業とプロ契約をした計十二チームである（表2）。競技出場者は各チーム八人で、レギュラーダンサー（固定）八人、ディレクター（固定）一人、SPダンサー（期間限定でチームに招かれる）一人以上からなるチームメンバーで構成される。

本書で取り上げている様々なコンペティションと比較した際に、Dリーグの特徴的な点として、出場者がビジネスとしてコンペティションをおこなっていることがあげられる。このコンペティションは、各出場者にとって、次のステップにいくための足がかりとして、あるいは自分の実力を試すための場所として、コミュニケーションの機会として、存在するわけではない。彼らにとって、コンペティションに出場して勝利するということそのものが仕事であり、年俸の対価になっているのが特徴だ。

ほかの対戦競技のプロスポーツと同様に、メンバーは基本的に年契約でチームに所属し、年間を通してDリーグのコンペティションに出場しつづける。メンバーには安定して給与が支払われ、楽曲や振り付けの著作権、配当金も担保されているという。メンバーの大半が年ごとに入れ替わるチームもあれば、これまでの三シーズンでメンバーがほとんど入れ替わっていないチームもある。いずれにせよ、新しいメンバーを探すためにチーム独自でコンペティションを開催し、選抜した追加メンバーに訓練を受けさせるという育成の仕組みがすでに取り入れられていて、ストリート系のダンス教室ではリクルートの機会を兼ねた特別レッスンやメンバー選抜の宣伝も精力的におこなわれている。コンペティションをビジネスとして実施するという枠組みのもとに、従来の選抜のための

表2　2022-23シーズンのＤリーグ出場チーム（全12チーム）

スポンサー企業	チーム名（アルファベット順）	ディレクター	コアとするダンスジャンル
エイベックス	avex ROYALBRATS （エイベックス　ロイヤルブラッツ）	Yuta Nakamura ※初代は RIEHATA	HIPHOP
ベネフィット・ワン	Benefit one MONOLIZ （ベネフィット・ワン　モノリス）	HAL	Vogue
サイバーエージェント	CyberAgent Legit （サイバーエージェント　レジット）	FISHBOY	複数
ディップ	dip BATTLES （ディップ　バトルズ） ※2021-22シーズンより追加	SHUHO	複数（FUSIONと呼称）
フルキャストホールディングス	FULLCAST RAISERZ （フルキャスト　レイザーズ）	TWIGGZ JUN	KRUMP
KADOKAWA	KADOKAWA DREAMS （カドカワ　ドリームズ）	KEITA TANAKA	複数
コーセー	KOSÉ 8ROCKS （コーセー　エイトロックス）	Kaku ※初代は ISSEI	Breakin'
LIFULL	LIFULL ALT-RHYTHM （ライフル　アルトリズム） ※2021-22シーズンより追加	野口量	複数（コンテンポラリーダンサーを SP ダンサーとして複数回起用）
セガサミーホールディングス	SEGA SAMMY LUX （セガサミー　ルクス）	CANDOO ※初代は BOBBY	HIPHOP
セプテーニ・ホールディングス	SEPTENI RAPTURES （セプテーニ　ラプチャーズ）	AKIHITO ※初代は akihic☆彡 ※その後は RIRIKA	複数
USEN-NEXT HOLDINGS	USEN-NEXT I’moon （ユーセンネクスト　アイムーン）	OH-SE ※初代は Ruu	JAZZ HIPHOP
バリュエンスホールディングス	Valuence INFINITIES （バリュエンス　インフィニティーズ） ※2022-23シーズンより追加	STEEZ	Breakin', HIPHOP

（出典：「Ｄリーグ公式ウェブサイト」〔https://home.dleague.co.jp/teams/〕［2023年7月19日アクセス］、ニュースリリースなどをもとに筆者作成）

表3　Dリーグの各ラウンドの審査方法（レギュラーシーズン）

<table>
<tr><td colspan="2">シーズン</td><td>2020-21、2021-22</td><td>2022-23</td></tr>
<tr><td colspan="2">ラウンド数</td><td>12</td><td>11＋サイファー</td></tr>
<tr><td colspan="2">競技形式</td><td>採点競技</td><td>対戦競技</td></tr>
<tr><td colspan="2">評価方法</td><td>絶対評価（1チームごとに採点）</td><td>相対評価（2チームごとに比較採点）</td></tr>
<tr><td rowspan="3">配点</td><td>ダンサー・ジャッジ</td><td>40点 (10点×審査員4人)</td><td>5票 (1票×審査員5人)</td></tr>
<tr><td>エンターテイナー・ジャッジ</td><td>40点 (10点×審査員4人)</td><td>―</td></tr>
<tr><td>オーディエンス・ジャッジ</td><td>20点（アプリ会員の投票をポイントに換算※1)</td><td>1票（アプリ会員の投票)</td></tr>
<tr><td rowspan="2">採点内容</td><td>ダンサー・ジャッジ</td><td>①ダンサーのスキル（リズム感、基礎力、難易度・完成度）
②クリエイション（技・動き、作品の革新性、独創性）
③コレオグラフ（楽曲に対する振付、構成、演出）
④スタイル（衣裳、小道具、世界観）
⑤完成度（作品としての完成度）</td><td rowspan="2">①スキル
②クリエイション
③コレオグラフ
④スタイル
⑤完成度
※各項目、5点分を2チームに振り分ける。</td></tr>
<tr><td>エンターテイナー・ジャッジ</td><td>①エナジー（作品・ダンサーのパワー）
②クリエイション（パフォーマンス芸術としての新しさ、作品の革新性、独創性）
③表現力（音楽や作品の感情・思い・ストーリーの表現）
④スタイル（衣裳、小道具、世界観）
⑤完成度（作品としての完成度）</td></tr>
</table>

※1）Dリーグオフィシャルアプリでの投票。ラウンドごとに、非会員・無料会員・月額会員・年額会員で投票可能数が決められている

（出典：「Dリーグ公式ウェブサイト」〔https://home.dleague.co.jp/〕［2023年7月19日アクセス］、ニュースリリース、インタビューなどをもとに筆者作成）

コンペティションが位置づけられていく構造がすでに確立されている。

さて、ビジネスとしておこなわれるDリーグのコンペティションは、シーズン戦とチャンピオンシップの大きく二種類に分けられる。シーズン戦では、半年間をレギュラーシーズンとし、二週間に一度、新作を披露する（全十二ラウンド）。レギュラーシーズンの総合成績の上位半数がチャンピオンシップに出場し、二チームずつの対戦による勝ち抜きトーナメント方式で、シーズンチャンピオンが決まる。

この大枠は発足から三年間継続して同じだが、採点の内実は、二〇二二年十月に開幕した二〇二二―二三シーズンから大きく変更されている（表3）。

以下、いくつかの観点から、審査方法の変化について考察しよう。

3　絶対評価の価値基準を攪乱する

二〇二〇―二一と二〇二一―二二シーズンでは、レギュラーシーズンは一チームずつ採点され、ラウンドごとに獲得点数順に序列化する方法がとられていた。採点は、ダンススキルを採点するダンサージャッジポイント（四人の審査員・計四十点）、エンターテインメント性を採点するエンターテイナージャッジポイント（四人の審査員・計四十点）、オーディエンスポイント（アプリ会員の投票・計二十点）を合計し、百点を満点とする絶対評価によっておこなわれる。

ここで注目されるのは、絶対評価の価値基準を一元化させないという、競技の根本をめぐる発想だ。Dリーグでオーディエンスポイントとエンターテイナージャッジポイントは、絶対評価の多様性を担保するものとして機能することが期待されている。

オーディエンスポイント

第2章「オーディション番組の生存と越境」(吉光正絵)でも論じているように、視聴者投票は、観客を競技に参加させる過熱装置の一つである。Dリーグの場合には、ジャッジポイントが絶対評価に基づく採点による点数であるのに対し、オーディエンスポイントは獲得投票数が点数として変換された数字であり、人気投票の側面を強くもつ。この視聴者投票ができるのはDリーグの公式会員だけである。会員のステータスによって投票可能数が一人あたり〇票から五票と決められていて、複数チームに満遍なく投票することも、一つのチームに全票を投じることも自由である。もちろん、組織票や一人での複数投票の影響も免れえず、毎回視聴者投票がほぼ満点を獲得するチームもある。Dリーグのスポンサー企業のなかには、元来アーティストのプロモーションを専門業務とする企業もあり、視聴者投票での宣伝を通して、Dリーグを通した自社アーティストの売り出しにも力を入れていることがうかがえる。

Dリーグの仕掛け人である神田勘太朗はインタビューで、資本主義社会におけるプロダンサーの価値の一つとして、ファンの数も重要な判断指標の一つと見なしていることを明言しているが[10]、これが正当化されているのは、Dリーグがあくまでビジネスとしてコンペティションをおこなっているからである。この点は、技術点・芸術点だけで美的質を審査するコンペティションとは根本的に異なるものである。実際、Dリーグでは、観客人気をあおる工夫がコンペティション自体でも様々におこなわれている。コンペティションはテレビ向けのダンスショーのスタイルで開催され、司会がバトルを盛り上げる。パフォーマンスの前には、各チームの特徴とパフォーマンスができるまでの舞台裏のストーリーを映像を交えて解説し、パフォーマンスの背景までもが審査対象として演出される。一般的な舞台芸術同様に上演前に作り手の意図が明示され、作品としてのパフォーマンスの見方や解釈方法に一定の道筋がつけられるのだ。そのため、審査員による評価は、作り手の意図が表現されているか、その表現技法で適切かという作品批評の枠組みに基づくことになる。

そうしたなかでオーディエンスポイントは、人気投票以上の意味をもつことになる。オーディエンスポイントの結果は、審査員による採点結果の序列を撹乱させることがあり、ともすればコアな技術の採点や解釈に特化しがちな専門競技化の危険から、コンペティションを解放させる可能性を秘めている。実際、二〇二〇―二一と二〇二一―二二シーズンまでは、審査員のジャッジポイントとオーディエンスポイントの合計点で総合順位が決まるため、チームの順序がオーディエンスポイントの獲得差で大きく組み直されることが多々あった。[11] コンペティションの得点発表も、先にジャッジポイントを出しそろえたあと、少しじらしてオーディエンスポイント（と総合点と最終順位）を発表する、という方法が用いられ、最終的な順序が視聴者投票に依存する状況、すなわち視聴者投票がジャッジポイントの結果を撹乱させる状況を作り出している。

ゲストジャッジ

実はジャッジポイントにも、ダンスの絶対評価を攪乱させる機能が存在する。それが、ゲストジャッジの存在である。

そもそもDリーグのコンペティションは、統一のダンススタイルで審査されるわけではない。表2で示したように、ブレイキン、ロック、ヒップホップ、ガールズジャズなど、様々なジャンルが混在した状態で対戦される。パフォーマンスの方向性も統一されているわけではない。エンターテインメント寄りのチームもあればダンススキル寄りのチームもあり、男性だけのチームもあれば、男女混合のチーム、女性だけのチームもある。

多種多様なチームを審査するにあたり、表2のように審査の観点は決められているものの統一の審査基準は存在せず、ジャッジをおこなう審査員も毎週固定されることはない。審査員八人のうち二人は固定（レギュラージャッジ）だが、六人はラウンドごとに変更され（ゲストジャッジ）、審査員による採点結果にも流動性がもたされている。ゲストジャッジは、ダンサー、歌手、アイドル、スポーツ選手、お笑い芸人、モデル、文化人など、多様なバックグラウンドをもつ人が毎回入れ替わり、それぞれの価値観から各チームを評価することが求められる。Dリーグの価値観を前提としないゲストジャッジの採点は、対策や予想が難しい。そのためゲストジャッジもまた、結果を攪乱させる装置としての機能を果たす。予想不可能な展開の演出は、同じメンバーで長期にわたっておこなう競技に対して常に新鮮な競技性を注入する役割も果たしている。

こうして出された点数をもとに、各チームが獲得した点数によってラウンドごとに序列化され、全チームに順位点（勝ち点）が別途配分される。絶対評価の点数が、勝敗回数に変換される仕組みである。チャンピオンシップへの出場権は十二ラウンドの順位点の合計によって再度序列化され、上位チームから出場が確定していく。二〇二一―二二シーズンからは、順位点の合計が低くても、絶対評価であるジャッジポイントの総合点が高ければチャンピオンシップに出場できるというワイルドカードを導入し、絶対評価を重視しなおそうという動きがあった。ダンスのコンペティションでの作品批評的な絶対評価の重要性が、あらためて注目されたのである。

それでもなお、先に述べたように、様々な価値基準を担保することで評価基準を攪乱させる取り組みが複数実践されていたことは注目に値する。これらはすべて、価値基準を一元化せず、多様な価値観を内包するために機能する。(12)

4　相対評価が即興性と競技性を回復させる

一方、二〇二二―二三シーズンでは、これまでの審査基準を一新し、Dリーグは採点競技ではなく対戦競技として組み直された。絶対評価による採点方式が一切なくなり、レギュラーシーズンの時点から、二チームずつの対戦による勝ち抜きトーナメント方式になったのだ。

レギュラーシーズンでは、審査員五人がそれぞれ、スキル、クリエイション、コレオグラフ、スタイル、完成度という五項目ごとに、二チームのどちらがよりいいかを判断し、勝者に一票を投じる。五人の審査員による五票の結果に、オーディエンスポイントが高かったほうに一票を加え、投票数によって二チームのどちらが勝ちかが決まる。

投票数が同じだった場合は、各チームのジャッジポイントの差で順位がつけられる。前シーズンまではジャッジポイントは絶対評価でつけられていたが、新シーズンからはこのジャッジポイントも相対評価に変更された。五つの審査項目に対し、両チーム〇点から五点のなかで審査員が五点の

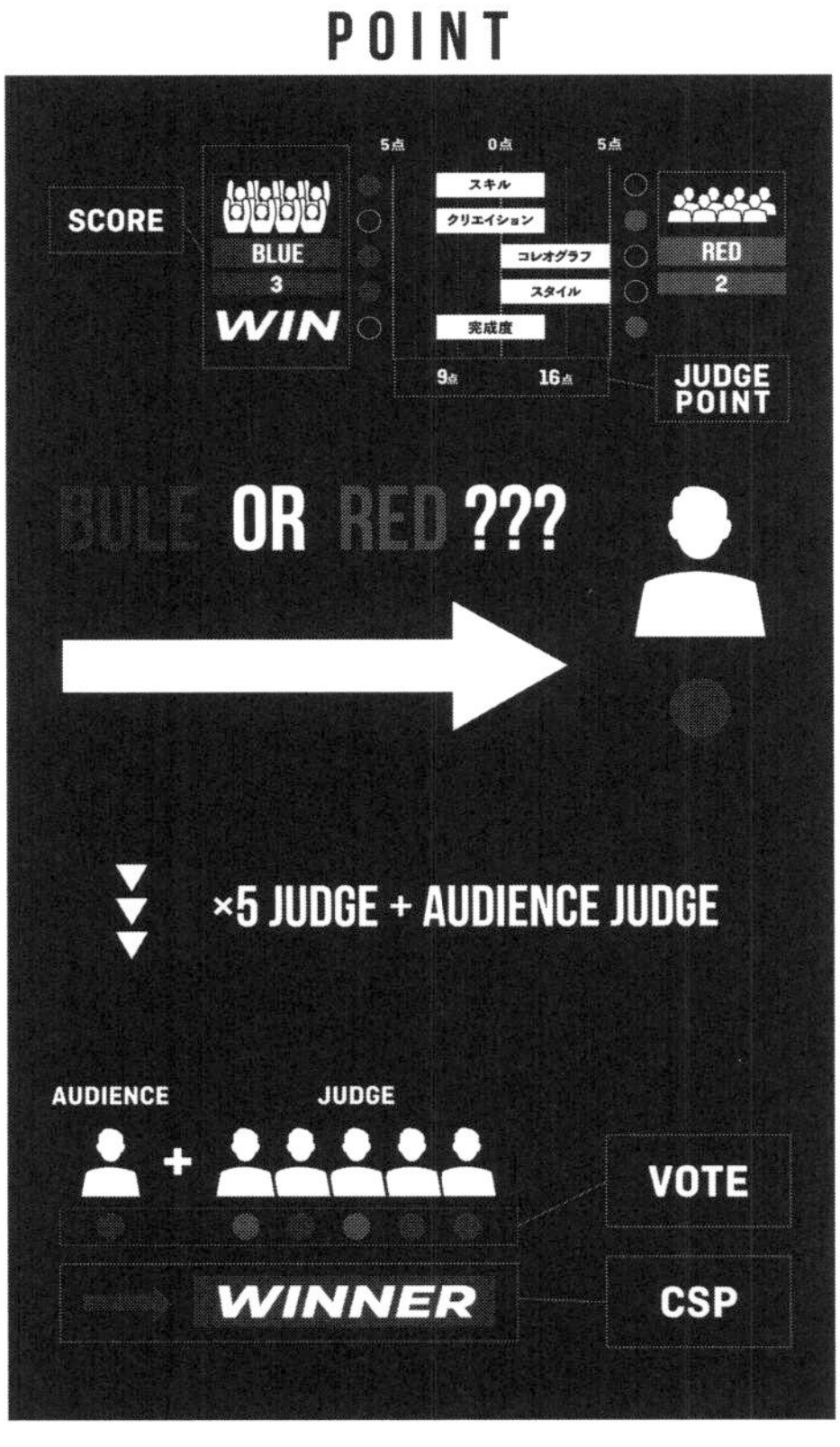

図2　勝敗数を競う審査方法（2022-23シーズン）
（出典：「Dリーグ公式ウェブサイト」〔https://home.dleague.co.jp/league/rules/point/〕［2023年7月19日アクセス］）

点数を配分するという方法だ。[13]

この方法でのジャッジポイントの点数は、もはや個々の出場者のスキルを純粋に示すことはない。例えばラウンド一とラウンド二で、同じチームが「コレオグラフ」について与えられた点数が三点と五点だった場合、この点数はあくまで「各対戦相手よりも一点あるいは二点優れていた」という相対評価を示すだけであり、ラウンド一よりもラウンド二のほうがいい振り付けだったかどうかは、点数として一切表れてこないのである。これが絶対評価での点数だったならば、少なくともラウンド二の振り付けのほうがよかったのだろう、という推測が可能になる。絶対評価が舞台芸術的な作品批評の点数化であるとすれば、相対評価によって持ち点を配分し勝敗回数を決めるという評価方法は、対戦相手に対しての優劣しか点数化せず、自己完結する要素が徹底的に排除されている状態なのである。

舞踊研究者の藤田明史は、ストリートダンスがバトルを通して発展してきたことに注目し、ブレイキンのダンスバトルでは二者のダンサーが常に演者と観察者の状態を行き来して、互いに相手よりも優れているかどうかをバトル内で競い合う様式に特徴があると分析している。[14] ストリートダンスのバトルで、ダンサーは振付家から事前に与えられた振り付けを再現する存在ではない。ダンサーはバトル内で互いに身体動作によって情報交換をおこない、その場で互いの振付家になり観客になり演者になってコミュニケーションをおこなう。バトルそのものが他者の存在を前提とするのである。これらはフィギュアスケートのような舞台芸術に近いダンスとは異なり、舞台芸術的あるいは発表会文化的な観点とは相いれない面が多い。舞台芸術的なものが競技化していったというタイプのものとは異なり、そもそも競技性をもって生まれ育ったタイプのダンスでは、他者との関係を評価のなかに組み込むことで、その本質を発揮しうると考えられるだろう。

こうした観点からあらためて採点方法を捉えてみると、Dリーグの二〇二二―二三シーズンで取り入れられたサイファーと呼ばれる即興のバトルパフォーマンスは重要である。サイファーはストリートダンスの誕生時の文化を取り入れたもので、人々が円になっている真ん中でダンサーが即興で踊りだして競争が始まるというバトル様式をもつ。Dリーグでは、これまで十二ラウンドあったレギュラーシーズンを十一ラウンドと一ラウンドに分け、その一ラウンドをサイファーの形式で実施することにしたのである。

ここにきて、Dリーグは、再現芸術化とは正反対の方向に転換し、ストリートダンスが本来もっていた即興性と競技性をより促進する動きに乗り出している。もちろんここまで述べてきたように、オリンピックのブレイキンの採点方法を視野に入れた動きではあるが、再現芸術化するダンスコンペティションの潮流に乗りながら再現芸術を拒否することで、自身が立脚していた文化の特性をあらためて見せつけているといえるだろう。

第1節でまとめたように、アーティスティックスポーツのなかには、絶対評価の採点によって記録競技に回帰していくものと、相対評価の採点によって対戦競技に再帰していくものがある。前者が舞台芸術的・再現芸術的な要素を前提にもつジャンルであるのに対し、後者は根源的に競技性をもつジャンルであり、ブレイキンや競技ダンスなどのダンススポーツ（のうちいくつかのもの）の採点は、すでに対戦競技のための新しい採点方法に向かって進んでいる。

そして、Dリーグがすでに示しているように、そうした対戦競技としてのダンスコンペティションそのものを、舞台芸術的なショービジネスのコンテンツとして消費することが、現在可能になりつつある――私たちはまさにいま、その変貌を見届けようとしているところだといえるだろう。

おわりに

Dリーグやバレエのコンクール、競技ダンス、ブレイキンなどのアーティスティックスポーツには、採点競技という共通点がある。採点競技は芸術性を競い、舞台芸術的な側面ももっている。そのため競技会は、練習したことの発表会としての場の機能をもちやすく、とりわけバレエのコンクールのように、競技でありながら競技であることを隠し、芸術であることを強くアピールするタイプのものもある。シャピロは、本来は対戦競技から発生したストリートダンスが芸術化していく際の諸条件をまとめ、芸術という制度をあらためて考察したが、Dリーグは競技化と芸術化の両制度を取り入れながら、エンタメショーとしてビジネス化することで、それぞれの制度を換骨奪胎している。

Dリーグの試みは、ビジネスとしてのダンスチームの新しい運営制度を模索するなかで、コンペティションやダンススポーツの新たな側面を打ち出している。それは、再現芸術としてのダンスパフォーマンスから、競技形式としてのダンスパフォーマンスへの移り変わり、そしてもともと対戦競技だったものをいったん再現芸術化したあと、再度対戦競技として楽しもうとする新しいダンスコンペティションの方向性である。

Ｄリーグはあくまでビジネスとしてのコンペティションだが、同じ審査制度の設計が、パリオリンピックに向かうダンススポーツ大会で競技のなかにすでに確立されている。これから私たちは、ダンサーの登竜門としてのダンスコンペティションを、対戦競技としても受け入れていくことになる。そのとき、ダンスの芸術性やアーティストとしてのダンサーの存在は、記録競技に基づくアーティスティックスポーツのそれと、どのように同じで、どのように変わるのだろうか。「芸術」と「スポーツ」のあわいのただなかを、私たちはいま迷いながら進んでいるところである。

注

（1）もともと「ダンススポーツ」という概念は、競技ダンスのスタンダード種目・ラテン種目を合わせた十種目だけを指していた。二〇一〇年以降、ＷＤＳＦは競技ダンス以外のダンスの大会も定期的に開催するようになり、自らが関わったダンスを包括する概念として、「ダンススポーツ」という用語を拡張して用いている。二三年三月時点でＷＤＳＦのウェブサイトでは、競技ダンスやブレイキン以外に、アクロバティック・ロックンロール、ブギウギ、ディスコダンス、ヒップホップ、サルサ、モダンダンスやコンテンポラリーダンス、ジャズダンスなども、「ダンススポーツ」として定義されている。

ブレイキンがオリンピック追加種目として台頭してくるまでは、ＷＤＳＦは競技ダンス（社交ダンスを競技化したもの）だけを取り扱う団体だった。WDSFの日本版ともいえるJDSF（日本ダンススポーツ連盟）も、もとは競技ダンスの連盟である。いまではJDSFも、ブレイキンの日本代表の選考をはじめ、オリンピックに向けたブレイキンの国内大会の運営を担っている。

（2）WDSFではブレイキン以前、競技ダンスが二〇一〇年にアジアオリンピックの正式種目になったことから、オリンピックに向けたダンスの競技化の運営経験をもっている。社交ダンスとストリートダンスという一見対極にあるジャンルでも、オリンピックを頂点とするダンスのコンペティションの管理運営には、共通するものがあるのだろう。

（3）町田樹『アーティスティックスポーツ研究序説――フィギュアスケートを基軸とした創造と享受の文化論』白水社、二〇二〇年

（4）ここでは詳細には論じないが、二〇二四年のパリオリンピックでは、Triviumと呼ばれる審査方法が採用され、対戦相手との相対審査によって勝敗が決められることになっている。それに伴い、WDSF開催のブレイキンの大会でも、競技規則「WDSF Breaking Rules and Regulations Manual」（第四版、二〇二三年一月から適応）でTriviumでの採点方法が規定され、評価の観点と勝敗の計算方法が明確に示された。

一方、国内団体であるJDSFは、Triviumを参考にしながら独自の採点システムを導入し、ブレイキンでも競技ダンスでも、絶対評価を用いた採点も両立させようと試みている。そもそもJDSFは以前から、対戦競技として勝敗回数で競っていた競技ダンス大会で、どのように絶対評価を取り入れられるかを試みていた。日本国内のダンスの大会で、相対評価と絶対評価をどう両立させていくのか、ダンススポーツでの国内大会と国際大会の評価基準の差異をどう克服するのか、今後の展開が注目される。

(5) 前掲『アーティスティックスポーツ研究序説』一六ページ

(6) 同書一三三―一三四ページ

(7) 拙稿「踊る音楽／踊られる音楽――アーティスティックスポーツにおける音楽と身体の響き合い」、「Arts and media」編集委員会編「Arts and media」第十一巻、大阪大学大学院文学研究科文化動態論専攻アート・メディア論研究室、二〇二一年

(8) Roberta Shapiro, "Artification as Process," *Cultural Sociology*, 13(3), 2019. シャピロらはブレイキンの変遷を分析し、「芸術化（アーティフィケーション）」という概念を打ち立てた。Nathalie Heinich and Roberta Shapiro, *De l'artification: Enquêtes sur le passage à l'art*, Ehess, 2012.

(9) 河野由／横澤俊治／窪康之「採点形式に基づく採点競技の類型化」「Journal of High Performance Sport」第十一巻、日本スポーツ振興センター国立スポーツ科学センター、二〇二三年

(10) 阿部さや子「なぜ、ダンスを「競技」にするのか？〜日本発・ダンスのプロリーグ誕生の仕掛け人、神田勘太朗氏に聞く」二〇二一年六月七日「バレエチャンネル」(https://balletchannel.jp/16392)［二〇二三年三月十七日アクセス］

(11) 例えば二〇二一―二二シーズンのラウンド九では、ジャッジポイント七十・五点、オーディエンスポイント十三・〇点（計八十三・五点）のチームが五位になり、ジャッジポイント六十七・〇点、オーディエンスポイント十九・五点（計八十六・五点）のチームが三位になっている。オーディエンスポイントが順位を攪乱する様子がわかるだろう。

(12) ハウスダンスの国際大会で何度も優勝を重ねているＳＨＵＨＯは、二〇二一年にＤリーグの新チームのディレクターに就任するにあたって、Ｄリーグを「ダンス界のスターを生むんじゃなくて国民のスターを生む為のもの」と捉えている。これはまさに、特定のダンスジャンル内でのコンペティショ

ンではないという、Dリーグのコンペティションの特徴を端的に言い表している。「新たなダンススタイルにチャレンジする「dip BATTLES」ディレクターSHUHO独占インタビュー」二〇二一年十月二十九日「FINEPLAY」(https://fineplay.me/dance/70515/)［二〇二三年三月十七日アクセス］

(13) 対戦者間で点数を配分し勝敗を決めるというDリーグでの新しいジャッジポイントの方法は、パリオリンピックやWDSFの大会で用いられるTrivium(注(4)を参照)の審査システムと同じである。

(14) 藤田明史「ブレイクダンスのバトルにおける芸術性――「間テクスト性」理論を手掛かりとして」「舞踊学」第四十四号、舞踊学会、二〇二一年

第４章　ポールスポーツ大会による規格化とポールダンスの実践
——ポールダンスの行方を決めるのは大会なのか、ダンサーなのか

ケイトリン・コーカー

はじめに

ポールダンスといえば、どんな印象がもたれるのだろう。ショーパブという、ショーを主なエンターテインメントとしている酒場で露出度が高い女性がポールを持ってクネクネしている、というイメージが思い浮かぶのだろうか。あるいは、広い会場で審査員の前でポール上の大技が披露される場面や、テレビ番組や劇場でポールを使って芸術的に繰り広げられる作品などを想像する読者もいるかもしれない。どのイメージも間違っておらず、どれもポールダンスである。

定義すれば、ポールダンスとは、ステンレススチールの棒（ポール）を用いておこなわれる身体運動である。その演技は、ポールを中心に遠心力を使った回転をすることと、ポールの上に登って

柔軟性があるポーズや筋力を要する技、ダイナミックな動きを披露することを中心にしている。そして、ダンスやスポーツ、芸術など、様々なジャンルになりうる。(1)

ポールダンスは二〇〇〇年代に入ってから流行しだした。本章では、この流行がポールダンス大会の導入と同時期だったのは偶然ではないことを論じる。それは、ポールダンサーが国際大会で優勝して日本国内のメディアがそれを報道し、ポールダンスが高く評価されるようになったためである。また、一七年にポールスポーツの国際同盟が国際ワールドゲームズ協会(GAISF)というオリンピック競技委員会の承認団体にオブザーバーとして認定されて、オリンピック競技の一種目になるだろうと期待されるようになったことも、ポールダンスの認知度を高め、社会的な承認を促す一因ともなった。

本章は、大会の運営がポールダンスの実践にどのように影響してきているのかを明らかにすることで、大会という制度的な力、そして実践のリアリティと展望がどのように応答するのかを考察する。まずは、ポールダンスの動きそして付随する性的なイメージがどこからきたのかを明らかにするために、ポールダンスの歴史を簡単に示す。そして、大会がどのように用いられて、ポールスポーツがどのように誕生したのかを提示し、ポールスポーツの大会運営が動きを数値化そして規格化することによって、その実践をどのように形成しているのかを考察する。最終的に、規格化では捉えきれない選手の例に焦点を当てることで、大会が定めるスポーツとして、また大会が拒む官能的なエンターテインメントとして、様々なポールダンスが一人の活動にどのように共存しているのかを論じる。

1　ポールダンスの歴史

ポールスポーツの動きはどこからきたのか

　ここでは、ポールダンスの動きがどこからきたのかを明確にするために、ポールダンスの起源を簡単に記しておく。そして、技がどのように展開されていき、大会そしてポールスポーツがどのようなように誕生したのかを提示する。特に、ポールスポーツ大会の設立にあたって、ポールダンスの動きがどのように数値化され、規格化されたのかを簡単に分析する。本章は数少ない先行研究を踏まえ、筆者によるポールダンスの先駆者への聞き取り調査をもとに、ポールダンスの成り立ちとポールスポーツの誕生を描く。また、ポールダンスはアメリカとカナダが発祥だが、本章は日本を中心に据えて、近年の歴史的な傾向をつかむ。

ポールダンスの始まり

　ポールダンスの起源は確かではないが、二十世紀初頭の北アメリカのサーカスまでさかのぼれるという。そこで女性たちはベリーダンスの動きを取り入れて、サーカスの建物に設置してあったポールの周りで性的な行為を思わせるような動きを披露することがあったそうだ。(2)男性はそこに集まって、豚のようにブヒブヒと言うほど興奮することから、そのポールはスノーティング・ポール

(snorting pole) と名付けられたといわれている。[3] 同じサーカスの舞台では、露出が多い女性たちが踊るヌード女性のショー（girlie shows）も披露されていた。これらのショーはカナダとアメリカでのストリップショーの始まりとされている。ポールを用いて踊ることはサーカスからクラブやバーに持ち込まれることになる。特に一九八〇年代末と九〇年代初頭の、複数の舞台やダンサーと二人きりになれる個室が備わっているジェントルメンズクラブ[4]が例といえる。このようにポールを持って踊ることなど服を脱いで官能的なダンスを披露することというポールダンスのイメージが形成されていったと考えられる。

ポールダンスの技と大会

では、官能的なエンターテインメントとして北アメリカで繰り広げられたポールダンスは、どのようにして日本でポールスポーツという競技になったのか。その成り立ちは大会の運営、そして技の規格化に由来している。

筆者は、一九九〇年代から二〇〇〇年代初頭にショークラブで働いていたポールダンサー八人への聞き取り調査をおこなった。この聞き取り調査で、一九九〇年代ごろには、ポールダンスの教室や教材がなく、クラブで踊りながら動きを発明していたとわかった。[5] クラブのオープン前にポールに少し触れる時間もあったが、ほとんどは人前で踊りながらポールダンスの技を生み出していったという。

では、カナダの先駆者的なポールダンサーのタミー・モリスをみてみよう。彼女はバンクーバー出身だが、親や周りに察知されないようにストリッパーとして稼ぎたかったので東京に行くことにした。そして、東京の外国人ダンサー専属クラブでポールダンサーとして働いた。モリスは技の習得について、ほかのダンサーから教えてもらうこともあったが、ほとんどは自分で発明したという。「踊っている間、すべて〔ポールダンスの技・動き：引用者注〕がなんとなく起こって、偶然だった。誰も練習しなかった」[6]

また、日本人ダンサーの間ではほかのダンサーに習うことはなく、まねさえ許されない、女性同士の激しい競争世界だったそうである。例えば、東京のポールダンスの先駆者である末宗麗子は、モリスと同時代にポールダンサーとして働いていた。末宗も稼ぎたくてストリッパーになったが、その仕事を自ら選んだのだとはっきり言っている。[7] 末宗の技は、開店前の時間や営業中にポールに登って動いているうちに体が予定しなかったポーズや動きになる、つまり発明されるものだった。

特に、モリスと末宗は、自身の下の名前をとったタミー（Tammy）とレイコ（Reiko）という技名を残し、これらが世界のポールダンサーに使われる基礎になった。二〇〇五年に開かれた世界大会ミス・ポールダンス・ワールドの優勝者の末宗麗子と準優勝者のタミー・モリスの名だ。大会ではポールダンサーが技を披露すると同時に、自分には未知の技をほかのポールダンサーが見せることもあった。このように、大会はポールダンサーが技を共有して発展させていく場になった。

ミス・ポールダンス・ワールドの入賞者は、ストリッパーだったからこそポールダンスを身に付けたにもかかわらず、入賞後はストリッパーとして働いてはいけないと大会の運営側に言われたそうである。彼女らは自分がストリッパーだったことを恥とは思わず、むしろ職業として尊敬している。しかしながら、ストリッパーを見下す社会のなかで生活せざるをえなかった。このようなこともあり、入賞後の末宗とモリスは、前者は東京、後者はバンクーバーでポールダンススタジオを開くことになった。また、末宗は日本ポールダンス協会を立ち上げて理事長を務め、「MISS POLE DANCE JAPAN/POLE KING JAPAN」という、大規模のポールダンス大会を開催するようになった。

2　ポールスポーツの確立

ポールダンスはどのようにポールスポーツになったのか

ポールダンスの動きと技がある程度確立されたからこそ大会が実施されるようになり、また大会が実施されたからこそポールダンスの動きと技がポールダンサーの間で共有されるようになった。では、ポールダンス大会はどのようにポールスポーツという競技になっていったのだろうか。大会での選手の順位づけのためにポールダンスの技がどのように数値化されているのかを提示し、その数値化がどのようにポールダンスを規格化し、スタジオでの実践に影響を与えたのかを考察する。

ポールスポーツ競技の設立

「ミス・ポールダンス・ワールド」世界大会の翌年二〇〇六年に、イギリスでケイティー・コーツというポールダンサーがポールダンスをポールスポーツとすることを望み、ダンサーの間でアンケートを回していた。これには、〇〇年代初頭からポールダンスがフィットネスとして広まっていくなか、ハイヒールとともに性的なスティグマ（烙印）を取り除くことで、いわゆる一般人も楽しめるようになっているという背景があったようだ。[8]アンケートに対して多くのポールダンサーが肯定的に反応したため、そのアンケートを土台に、ポールダンスをオリンピック競技にする嘆願書に一万以上の署名が集まったという。日本のポールスポーツの先駆者だった岡本雅代も、その署名者の一人だった。[9]

二〇一二年にケイティー・コーツが立ち上げた国際ポールスポーツ協会（IPSF）がポールスポーツの国際大会を開催した。その大会に出場した岡本は、コーツから協力してもらえないかと尋ねられたという。岡本はちょうど同年、大阪でスタジオを開き、自ら育てた生徒がインストラクターを務めるほど成長させるなど、講師として頭角を現していた。コーツは岡本に日本でポールスポーツ協会の立ち上げを奨励し、翌年の一三年に岡本はスタジオを拠点に日本ポール・スポーツ協会（JPSA）を設立した。

ポールスポーツがオリンピック競技として認められるためには、様々な要求があるという。まず、評価基準を設定し、その基準の整合性を担保することである。また、二〇一二年の時点では出場者がほぼ女性だったが、女性と男性とのジェンダーバランスがとれるように、男性をさらに動員することも求められている。そして、全体的には出場者数と関係協会数を増やさなければならない。また、ほかのスポーツと同様にアンチドーピング活動の推進もする必要がある。

ここでいうルールは大会の整合性にとって重要であり、スポーツとして認識されるためには不可欠である。次項ではこのルールを通してポールスポーツがどのように数値化・規格化されたのか、その規格化がどのように実践を形成しているのかを提示する。

ポールスポーツの数値化そして規格化

ＩＰＳＦで定められたルールはそれぞれの協会で共有されるが、日本の場合はＪＰＳＦが和訳して加盟のスタジオに通達する。そして、それぞれのスタジオがそれに沿って大会のためのトレーニングをする。本項ではルール設定を通してＩＰＳＦがどのようにポールスポーツを数値化し規格化しているのかを明示するため、ルールに関する事例を取り上げる。この事例に関しては、岡本のスタジオでの参与観察、そして世界大会・男性部門の優勝者による説明会を参照しながら論を進める。

ポールスポーツ大会のルールは「コード・オブ・ポインツ（code of points）」という、百四十六ページに及ぶＰＤＦにまとめられている。[10]ポインツとは点数のことで、この「コード・オブ・ポインツ」には大会の演技でどのように点数が獲得できるかが記載されている。全体として四つの基準がある。一つ目はコンパルソリーという、レベルによって決められた規定の技から選手自身がいくつか技を選んで披露するものである。二つ目は、テクニカル・ボーナスという、力強さや柔軟性などによる技術的な加点である。三つ目はテクニカル・デダクションという技術的な減点であり、これは後述する。四つ目は「芸術性と振付」という項目で、演目の独自性そして選手のカリスマ性を基準に審査員が評価する。この四つを合わせて演技が数値化される。また、特筆すべきは選手がどのような得点を狙うのかを事前に報告することで、演技はそれに沿って評価されることになる。

では、四つのカテゴリーそれぞれの高得点を狙ってなるべく難易度が高い動きをたくさん入れたら勝てるのではないかと思われるかもしれないが、そうではない。筆者は世界大会で四回優勝した新屋直人による「オンラインルール勉強会」を受講し、得点と同様に減点を考慮する重要性も理解できた。しばしば減点されるポイントは、つま先や膝の裏が緩んでいることや体がぐらつくこと、技を審査員に正しい角度で見せていないこと、手が滑ることなどである。難しい動きで高得点を狙おうとすると、このようなミスをする可能性が高くなる。一方で、高得点ではないが、丁寧にできる動きだけを取り入れると、減点されないように注意を払う余裕ができる。ここでいう丁寧さとは、まっすぐの手足やつま先立ちに代表されるような、バレエや新体操で共有されている身体的な美意識が込められている。点数獲得というよりも、点数を失わないという姿勢をとったほうが勝利に近づけるのだ。

「コード・オブ・ポインツ」の技を見ると、ポールスポーツの前の世代のポールダンサーが発明した技もある。例えば、オーストラリアのポールダンサーであるフェリックス・ケインが発明したとされているスパッチコック（spatchcock）という技がある。この技では横開脚をしている状態で、両足首そして両肩の後ろにポールが通っている状態になる。スパッチコックとは、足が大きく開かれた料理用の鶏肉という意味だが、この技名は、女性の足が大きく開かれていることが強調されていて、性的な意味合いをもっている。ポールスポーツの規定にも同じ技が載っているが、クロスボウ（crossbow）という弓の形に例えたネーミングになっている。これは、性的なニュアンスを削除するためだろう。また、ポールスポーツにはポールを持った手首の上に座って足を開く、動きのとおりリスト・シート（手首座り）という技があるが、同じポジションがハロー・ボーイズ（こんにちは、男子たち）とも呼ばれていることを、ほかのスタジオで知った。これは、足を開くことで想像上の男子たちに挨拶をしているという、性的でコミカルなネーミングになっている。技のどこが強調されるのか、実践者はどのような心持ちでその技に挑むのかが、名称によって大きく左右されるのではないかと考えられる。名称を変えることで、技がどのような印象をもたらすのか、実践者の体がどのように見えるのか、見る者に影響を与えようとしている。そして、このように技を規格化することによって大会は、ポールダンスは健全かつスポーツであるというイメージを生産し維持している。

筆者がポールスポーツに初めてふれたとき、最も印象的だったのは技術的な減点になりうる衣装に関する基準だった。ポールスポーツはポールダンスと同様に、ポールと肌との摩擦によってポール上に止まることを可能にする。例えば、ポールを足で挟んで座るときは、太ももの内側の肌で止まる。その肌が露出していないと、手で全体重を支えることになり、腕への負担が大きくなる。そのため、肌の露出が必要なのだが、「コード・オブ・ポインツ」では衣装が性的なイメージを思わせないようにという注意事項が書いてある。例えば、女性は腹や肩などを必要に応じて露出できるが、トップスの長さに関して細かいルールがある。また、骨盤を覆うことについては次の注意がある。「ショーツは、どの角度から見ても完全に尻の割れ目を覆うものでなければならない（お尻と太腿の境目も全て覆われていなければならない）」(11)。規定どおりのショーツでも、演技中にずれて、ショーツの下の下着が見えたり、あるいはその割れ目が出てしまったりすることもある。意図せずとも規定に反した選手は一点が減点されるが、この規定を大きく逸脱した選手は失格になるという。

この規定もあるからこそ、ポールスポーツのレッスンで身に着けている練習着は、ほかのポールダンスのレッスンで用いるものよりも身を覆う傾向がある。これは、男性や子ども、主婦も含まれる年配の女性など、様々な人々が通いやすい雰囲気づくりになっているとも考えられる。このように、「コード・オブ・ポインツ」は大会の演目だけでなく、スタジオでの一般的な実践、そして服装や態度を含めた文化をも形成していると考える。

本項では、大会のための数値化がどのようにポールスポーツの実践を規格化したのかを示した。このなかで、スポーツとして認識されてより多くの人々がレッスンに通いやすい社会を作るために、ポールダンスの性的なイメージを払拭しようとしていることがわかった。ただし、ポールスポーツの選手として活躍しながら、ショーパブでショーを披露するポールダンサーも多いのは事実である。次節では、相いれないはずのポールスポーツとポールダンスを同時にこなしているポールダンサーを取り上げて、その両立について考察する。

3　スポーツと夜のエンターテインメントとの攪乱——男性がポールスポーツ大会に出場しながらも、ショーパブで踊ることについて

本節では男性選手に焦点を当てて、特に大会のポールスポーツと夜のポールダンスを両立して活

躍するという珍しいケースを取り上げる。彼らの実践から夜のエンターテインメントとしてのポールダンス、そして技術を競い合うポールスポーツとの関係性を明らかにし、彼らにとっての大会の意味を考察する。彼らは特に、エリートという部門に出場し、世界大会への出場を狙っている。近年、ポールダンスの講師を務めながらショーパブのダンサーとしても活躍して生活費を得る女性が多くなっているが、男性はまだ少ない。ここで、ショーパブで踊る男性選手を紹介して、彼らがポールスポーツ大会と夜の世界とを行き来しながら、大会を用いてポールダンスの将来をどのように切り開いているのかを考察する。

事例1——世界大会優勝者がショーパブで学ぶ新屋直人

世界大会三連覇のあとに、さらなる頂点を目指して地方のショーパブで踊る

最初に取り上げるのは、世界大会三連覇の新屋直人である。彼は大会優勝という肩書だけでなく、ポールダンスの技の開発や完成度が高い指導によって、日本国内そして海外で求められるポールダンサーになり、ポールダンスの業界を率いている。

新屋はポールスポーツの選手だが、ポールダンスとの出合いはショーだった。[12] それは、二〇〇八年に新屋が二十四歳だったときにゲイ・クラブのイベントで見た、男性の二人組のユニットTOYBOYだった。二十二歳から二十九歳のときまで会社員として働いて、二十九歳から自営業になった際、仕事のストレスを発散するための習い事がしたくて、TOYBOYのショーを思い出してレッスンに足を運んだという。そして、ポールダンスの大会に挑戦して優勝を繰り返してきた結果、

二〇一八年にワークショップの講師や若手のコーチなどを含めてポールダンスの活動で生活費を稼いでいくことにした。ポールスポーツ界隈の頂点に立っている新屋が日本のショーパブで踊り始めたのは、二〇二二年十一月のことである。

写真1　ポールスポーツ世界大会に出場する新屋直人選手（提供：新屋直人）

ショーパブで踊ること、学べること、できること

どうして自らショーパブで踊ることを選んだのかと尋ねると、観客と密接に関わることで何かがみえる、自分の成長につながると思って挑戦した、という。ショーガールは現場で観客との距離が近いことから、香水や動きからの風などの物理的な効果と、場の盛り上がりや観客個々人とのコミュニケーションという心理的な効果の両方をもたらす技術が洗練していく。また、新屋は観客の興奮に乗って、自分の気持ちが高ぶることを自らの「ボルテージ」として経験できているという。ショーガールとともに踊ることでポールダンスの可能性について学んでいるのだ。

例えば、ショーパブで踊る前には、お酒を飲んで

写真2　ショーパブでポールダンスを披露する新屋直人（提供：新屋直人）

ショーをすることはありえなかったそうだが、ショーガールを見てお酒の肯定的なはたらきについて考えるようになったという。ジンハイ一、二杯などの範囲で飲むと気持ちも上昇して、何よりも観客と心を開いて円滑なコミュニケーションを取ることができる。お酒を交わすという行為を、踊りを見てもらう前におこなう儀式、そして提案としても考えるようになった。

　また、優勝の経歴を聞いて、ショーを積極的に鑑賞する観客もいるという。どちらにしても、新屋にとってダンスは言語がわりのコミュニケーションである。ただしそれは、ダンスを通して特定のメッセージを伝えるのではなく、むしろ自己を開示する、つまり自分のことが相手に伝わるような行為だ。そして、観客にポールダンサーという存在が伝わると、観客が抱いていたポールダンスに対するイメージも変わってくる可能性があるという。

「さあ、これからセクシーな女性によるポールダンスを見てみましょうというのと、アクロバティックで爽やかでこういうところでも活躍しているダンサーがきてくれましたというのは、お客さんの構えが違うし。……見る姿勢が変わってくる。お店の意識も大きく変わってくる、どういうふうにこのお店でショーを見せたいかという」

このように意識を変えることを通して、性的なサービスも含まれるポールダンスを否定するのではなく、むしろポールダンスの多様化を意図している。官能的なエンターテインメントかスポーツかという二極化を超克して、様々なポールダンスを容認することで、その発展につながると語った。この価値観を新屋は次のように説明する。「多様性を認めることは、やっぱり、寛容な社会を作ることだから。ポールのコミュニティは同じことだと思っていて。好きなものは否定しない」

ここまでスポーツ選手がショーパブで踊ることで起こる変化について考察してきたが、新屋がポールスポーツ大会にも大きな変化を与えていることもわかった。二〇二二年ポールスポーツ世界大会・男性部門の表彰式の際に、新屋は独自の方法でほかの選手とつながったのだ。表彰式のとき、選手たちは新屋の提案で手をつないで楽しそうに舞台に出た。また、新屋が優勝したあと、入賞者ではない選手も表彰台に上がらせた。その行動の思いを聞くと、新屋は次のように述べた。「ここにきて同じ部門で闘った。言葉もわからない人たちだけど、やっぱり同じことを楽しんで頑張ってチャレンジしてっていう同志というか。だから、やっぱりお互いをたたえたい」。ほかの選手を、遠い国の代表ではなく、ポールダンスに専念している同志として認めている姿勢がうかがえる。

このように新屋は、ショーパブへの一般的な意識にも、ポールスポーツ大会の常識にも捉われず、どちらの世界も肯定しながら、ポールダンスの多様性を包括する姿勢をとる。新屋はポールスポーツの大会に出場しても、大会に付随しがちなナショナリズムや競争に陥ることなく、あくまで個人の選手をたたえるお祭りとする。同様に、ショーパブでは性的な対象として消費されることなく、踊ることを通してダンサーと観客が同等な主体同士としてともにその場を作っていく。新屋という一人のダンサーが、複数のポールダンスが共存できるような業界を作っている。

事例2――ショーパブで「世界一」を捉え直す山村椎万・セクシー王子CIMA

ここで取り上げる男性選手は、世界大会・男性部門で三位をとった、一九九三年生まれ（執筆時点で二十九歳）の山村椎万である。(13) 十六歳のときからブレイクダンスをしていたこともあり、大阪のバーでポールダンスを初めて見て、ポールダンスで自分が世界一になれると思い、前記の岡本雅代のスタジオに通いだした。そして、ポールスポーツの大会に挑むなか、「世界一」の意味を捉え直すようになった。そして、彼にとっての「世界一」は大会の審査員が決めるものではなく、自分自身が世界的に認知されるポールダンサーとしてキャリアを形成することだと考えた。

ショーパブで男性のポールダンスを開拓する

自らのキャリア、そして自分自身を見つめ直すために、ショーパブで踊ることが役立ったという。大会では男性の参加が強く奨励されているのに対し、夜の世界では男性はいらないと言われることがある。挫折せずに、これを契機に業界そのものを変えようと思った。そして、「どうやったら世の中に需要をもたせるかとか、どうやったら受け入れられるのかっていう、そこからのまず試行錯誤」だったという。

そのなかで、現場でどのように行動し、そこでどのように認識されるようになるのか、ということが重要だった。まず、チップをもらうためのテクニックや接客などに、踊りを見てもらえるかどうかがかかっている。また、裏ではオーガナイザーが何を求めているのかを意識して、自分の踊りをある意味で商品として提供することも強調する。その末に、ポールダンスの技を披露するだけでなく、ボーイレスクという既存のジャンルを取り入れるようになった。ボーイレスクというのは、ボーイとバーレスクを組み合わせた造語で、男性版バーレスクを指す。バーレスクとは十九世紀末までさかのぼる、コメディーやエンターテインメントを用いたストリップティーズである。山村はほかのダンサーをも動員させ、北新地ボーイレスクというイベントで男性だけのグループを結成した。

写真3　ポールスポーツの世界大会に出場する山村椎万選手（提供：山村椎万）

彼らのショーは、観客を巻き込んでショーの一部にする、いわゆる体験型のショーである。例えば、お姫さま抱っこで観客をステージに上げ、その観客に接近して踊ることもある。観客の割合は女性八〇パーセントで男性二〇パーセントだそうだが、男性の観客にもお姫さま抱っこをして、官能的な踊りを繰り広げるという。そして、この動きに対してドキドキすると話す男性も

写真4　ボーイレスクを披露するセクシー王子 CIMA（提供：山村椎万）

多い。既存のショーパブならセクシーな女性が異性愛の男性のために踊ることが多いが、北新地ボーイレスクではセクシーな男性が女性たちのために踊り、既存の構造を逆転させている。同時に、女性だけでなく、セクシュアリティを問わず男性でも楽しめるようなショーができているといえるだろう。

ショーパブで形成した演技をスポーツ大会で使って変化を起こす

　このなか、特に二〇二〇年に新型コロナウイルス感染症拡大で何かを作っていかないと、というプレッシャーを感じて、自分のキャラクターを確立し、山村はセクシー王子ＣＩＭＡを名乗った。キャラクターになりきることによって、もっと力を発揮できるようになりたかった。そして、夜の世界だけではなく、大会に対してもそのキャラクターで出場する。例えば、バラの衣装を身に着けて気高く振る舞うことで王子のキャラクターを貫いている。また、ポールスポーツの大会のあとの選手の打ち上げで、ボーイレスクの官能的な動きを披露して人気者になっているようだ。ポールスポーツならセクシーな踊りをしてはいけないと思われるかもしれないが、山村によるといまはその二極化がなくなっているという。その鍵は、堂々と真剣にやっていることだ。ボーイレスクとポールスポーツとの二軸で活躍することで、ポールダンスとは何なのかという常識をすでに覆している。山村はこれからもポールダンスの両面を牽引していくだろう。

新屋と山村による、ポールダンスの多様化

新屋と山村にとってのポールダンスそのもの、そして踊る姿勢はかなり異なっている。まず、新屋は既存の官能的なポールダンスを包摂しながらもその多様化を進めている一方、山村は官能的なポールダンスのなかでも、若い世代向けの男性バージョンを切り開いている。この異なった二人からポールスポーツ大会とショーパブでのポールダンスについて何がわかるだろうか。

大会というと、勝つことがすべてだと思われるだろう。しかし彼らにとって大会で優勝あるいは入賞することは頂点ではなく、自分が思う頂点に近づくための一段階にすぎない。大会からの肩書、あるいはポールスポーツという健全なイメージを用いて夜の世界で社会的なつながりを得る。それを通してポールダンスの拡大、そして自分自身の成長を目指しているのだ。そのなか、男性だからショーパブで踊ってはいけないという壁を壊し、ポールダンスの多様化と同時にジェンダーの多様化をも進めている。彼らの事例からわかることは、大会の制度はポールダンスの権威にみえるかもしれないが、ポールダンスは何なのか、あるいはポールダンスでは何ができるのかを決めていくのはショーパブで踊るダンサーたち自身であるということだ。

おわりに

本章では、まずポールダンスの起源を取り上げることで、官能的なエンターテインメントとしてのイメージがその歴史的な文脈に根づいていることを示した。そして、その文脈のなかで技の動きが発展されていったことについて、聞き取り調査を通して明らかにした。ポールダンス大会はポールダンスの技術を競い合うことで、官能的なエンターテインメントのルーツを払拭してポールダンスをフィットネスに位置づけようとした。さらにポールスポーツは競い合うスポーツとしてオリンピック競技を目指すことになった。

ポールスポーツ大会は、規格化を通してポールダンスの上にスポーツというイメージを刷り込むことはできても、官能的なエンターテインメントというルーツを完全に抹消することはできないだろう。選手たちの事例からわかったことは、様々なジェンダーが様々なポールダンスのあり方を探るなか、ポールダンスはもはや一つのカテゴリーにはくくれず、複数の面が生まれて多様化していくということである。これは、社会でジェンダーが多様化していくことともに進み、同時にジェンダー規範を変えていく力である。大会でポールダンスの動きがスポーツとして数値化そして規格化されても、ポールダンスが何になるか、ポールダンスを通して何ができるのかを決めるのは現場で踊るポールダンサーたちなのだ。

注

（１）社会学者のデイナ・フェネルを参照した。Dana Fennell, "Pole Sports: Considering Stigma," *Sport, Ethics and Philosophy*, 1, 2020.（https://doi.org/10.1080/17511321.2020.1856914）［二〇二三年三月十四日アクセス］

（２）歴史に関しては、ポールダンスの参考文献が少ないため、サーカスについての文献に依拠した。Katherine H. Adams and Michael L. Keene, *Women of the American Circus, 1880-1940*, McFarland & Co Inc, 2012, Jane Nicholas, *Canadian Carnival Freaks and the Extraordinary Body, 1900-1970s*, University of Toronto Press, 2018, A. W. Stencell, *Girl Show: Into the Canvas World of Bump and Grind*, ECW Press, 1999.

（３）Stencell, *op. cit.*, p. 63.

（４）アメリカのストリップ・クラブに関する先行研究を参照した。Katherine Frank, *G-strings and Sympathy: Strip Club Regulars and Male Desire*, Duke University Press, 2002, p. 50.

（５）ケイトリン・コーカー「しぬかも——ポールダンス実践で情動を体現させる生成変化」、日本文化人類学会編「文化人類学」第八十六巻第四号、日本文化人類学会、二〇二二年

（６）これは、二〇二一年二月四日に筆者がおこなったタミー・モリスへのインタビューからの引用である。以下も、特に断りがない場合はこのインタビューに基づいて記述する。

（７）これは、二〇一九年七月二十九日に筆者がおこなった末宗麗子へのインタビューからの引用である。以下も、特に断りがない場合はこのインタビューに基づいて記述する。

（８）Prabhjeet Singh Sethi, "Meet Katie Coates, The Woman Who Is Trying Her Best To Make Pole

Dancing An Olympic Sport," *Indiatimes.* (https://www.indiatimes.com/sports/pole-dancing-is-now-officially-a-sport-and-could-be-part-of-the-olympics-331821.html) ［二〇二三年七月十八日アクセス］

（9）これは、二〇一八年六月十二日に筆者がおこなった岡本雅代へのインタビューからの引用である。以下も、特に断りがない場合はこのインタビューに基づいて記述する。

（10）International Pole Sports Federation, "Pole Sports Championships Code of Points 2018/2020." (https://www.japanpolesports.org/pdf/IPSFRule/2020/IPSF_Code_of_Points_2018-2020_jp.pdf) ［二〇二三年七月十八日アクセス］

（11）Ibid., p. 120.

（12）これは、二〇二三年二月二十三日に筆者がおこなった新屋直人へのインタビューからの引用である。以下も、特に断りがない場合はこのインタビューに基づいて記述する。

（13）これは、二〇二三年二月二十二日におこなった山村椎万へのインタビューからの引用である。以下も、特に断りがない場合はこのインタビューに基づいて記述する。

コラム　闘えない人々の闘い――競技空間の外にいるインドネシア武術愛好者について

今村宏之

はじめに

本コラムでは、変わり種としてプンチャック・シラット（以下、シラットと略記）というインドネシアの武術を取り上げる。素人目には、武術や格闘技が好きな人は闘いや競い合いに人一倍の興味をもっていそうにみえる。武術好きからみた競い合いを知ることは、本書が探求する競争性の記述を厚くするのに役立つだろう。

シラットは武術と書いたが、民族芸能や宗教儀礼とも関わりが深い。稽古を通して人知を超えたパワー、例えば手を触れずに相手を制するような常識では理解しがたい術を追い求める人もいる。一方で、空手やテコンドーのような近代スポーツ化も経験している。特に近代スポーツのほうは、インドネシアの国際的威信を高めるナショナリズムの道具になることが期待されている。

ひとまずここでは、近代スポーツ化によって競技空間ができあがっていく過程をコンクールの生成になぞらえ、そのうえで競技空間からはじかれたものに注目する。特に観客や指導者が競技空間やイベント空間の裏手や場外で人知れず、または盛大に散らす火花に目を向ける。本コラムでは文献研究と実体験からそうしたシラット愛好者の火花の散らし方を描き出す。そうすることで、闘いに興味はあるけど闘えない人たちの姿がみえてくるはずだ。

競技空間に残らなかったもの

武術の試合というと、柔道や極真空手のように白線で区切られた競技空間の内側で主審が見つめるなか一対一で取っ組み合うイメージがあるかもしれない。シラットの近代スポーツ化とはまさにそうした競技空間を生み出すことだった。

そしてそれは同時に、多様すぎてとりとめがないシラットのうち、競技という枠に納まるものだけを残す作業でもあった。一説ではシラットには八百以上の流派があるというが、シラットと呼ばれているからといって一様に似たような特徴をもっているわけではない。ややこしい。

例えば神秘的な力の獲得を目的に特殊な呼吸法の稽古や荒行に励むもの(1)もあれば、古代王国の将軍の末裔に伝わる速習軍人育成術の継承者を主張する集団もいる。街のアウトローとのけんかの日々の末に打ち立てられた独自の流派もある。(2)民族芸能や伝統音楽との関わりが深いものも多い。ジャカルタが地元のブタウィ人の間で結婚式の余興といえばシラットを取り入れた演劇だし、バリやロンボクの祝祭の行進ではシラットに基づく振り付けが見られる。(3)こうした形態では銅鼓や太鼓、笛のアンサンブルは欠かせない。

ほかにも、足元がおぼつかない年老いた達人が舞台に上がったが、伴奏が始まると背筋が伸びて現役顔負けのきれがある動きをみせた、などというエピソードを聞かされることもある。

インドネシアではシラットは上演芸術の一つでもあり、技の出来や動きのキレだけでなく、音楽との調和を楽しむものでもある。

だが、インドネシア政府公認のシラットの全国組織は、そうした芸術的といえる側面や流派の由緒、神秘実践にはさほど興味がなかった。全国組織が力を入れ、政府が特に後押ししたのは一対一の格闘競技の開発だった。一九六〇年代のインドネシアでは、競技化した空手や柔道の試合観戦が人気を博していた。シラットの全国組織や愛好者たちは海外武術のような近代スポーツ化なくしてシラットは生き残れない、と思ったらしい。(4)

競技空間と暴力性

シラットの近代スポーツ化は一九七三年の第八回国民体育週間での正式競技化で軌道に乗った。国民体育週間は日本の国民体育大会にあたる大会だ。四八年の第一回大会から第七回大会まで、シラットは正式競技よりも下位の競技記録が残らない公開競技として実施されていた。(5)国内の全国規模のマルチスポーツイベントで正式競技になると、さらに上位のイベントである東南アジア競技大会でも採用される可能性が出てくる。その先にあるのはオリンピックだ。全国組織にとって第八回大会でのシラットの正式競技化はオリンピックへの第一歩だった。

本コラムでも第八回大会は重要だ。オオン・マルヨノが残した民族誌的記述から、競技ルールが固まっていないつけがはっきりとみられた大会だとわかるからだ。シラットのスポーツ化の具体的な経過はほぼわかっていないため、若いころに第八回大会地方選考会に選手として参

加した在野研究者オオンの体験談は貴重だ。オオンによれば競技ルールの整備はかなり難航し、

死者も出た。さらに第八回大会でもルールの全面差し替えが起きていた。(6) しかし周知が不徹底

で、新ルールは浸透してはいなかった。彼の著作のなかで当時の混乱を生々しく描いている箇

所がある。ざっくりまとめてみた。

一九七三年の年初に東ジャワ・ボンドウォソ県で第八回国民体育週間の地方選考会が開催された。たくさんの流派が県代表の輩出を狙って門下生を送り込んでいた。オオンも代表候補の一人だった。所属流派での事前の稽古でオオンが師に命じられたのは筋力増強や敏捷性向上の訓練ではなかった。断食や地面の上での就寝といった修行だった。これは呪術対策で、試合を棄権させられるほどの体調不良を引き起こす呪術での妨害の可能性を考慮していたのだと師はいう。

競技選手だけでなく、観戦にきた指導員や師範級の人々も試合の勝敗はそのまま流派の勝敗、ひいては師・開祖の勝敗になると理解していた。万が一にも所属流派の選手が負けたら、試合に勝利した対戦相手を殺害して流派の汚名をそそごうとする人であふれていた。そういう理由で持ち込まれた山刀や鎌、警棒に鎖が大量に押収されていた。オオンは対戦相手をノックアウトして一本勝ちした。すると相手の師匠の怒りを買ったようで、その師匠に帰り道での闇討ちを予告された。オオンは警察に付き添われて家路についた。(7)

オオンによれば、一九九〇年代には選手も指導員も競技ルールを理解したうえで試合に臨むようになり、観客は試合の展開に一喜一憂することはあっても、結果が出ればすぐに次の試合に切り替えるようになった。つまり、呪術や乱闘とは縁遠い「現代スポーツ」になったのだという。(8) 言い換えれば、場外にあふれていた暴力の予感を競技空間の白線の内側が独占した。スポーツのルールが暴力を飼い慣らしたともいえる。疑惑の判定をめぐって会場が殺気立つことはいまでもある。だが、それを鎮めるのは試合後の仇討ちではなく主審や競技委員長の一言だ。とはいえ、この競技空間がシラットのすべてになったわけではない。競技空間が完成したことで、競技空間の外側に取り残されたものがよくみえるようになった。そのうちの一つが、次にあげるシラットの師範たちがみせる流派や技の優劣への執着だ。

場外の和やかで不穏な技見せ

シラットの愛好者たちは、気が合う仲間と集まれば神秘実践や達人伝、技の解説など武術談義に花を咲かせる。スポーツ大会の会場隅やシラットの名士の葬儀会場の隅と人目につきそうな場所で談笑しているかと思えば、宿泊先の一室でひそやかに意見交換することもある。大勢に向けて自分の実力を誇示しようと腕試しや力比べをしたりはしない。

ただ、少なくとも筆者が出会ったインドネシアのシラットの師範たちは和やかに、しかしこっそりと「自分のほうがより優れている」と主張していた。ここからは、近代スポーツ化から締め出されたり、そっぽを向いたりした人たちが始めたシラットの文化イベントでの一幕をみていく。

二〇一三年六月、古都ジョグジャカルタで第二回プンチャック・マリオボロ・フェスティバルが開催された。近代スポーツ化に嫌気が差した人たちがシラットの多面的な魅力を発信しようと始めたイベントで、約二千人のシラット愛好者のパレードを目玉行事にしていた。筆者はこのとき運営側の手伝いをしていた。

夕暮れどきにパレードが終わり、フェスの全日程が終了した。下宿に帰り、寝にかかると運営のボスで中年男性のスマルさん（仮名）から電話がかかってきた。招待した達人たちが寝泊まりするホテルにいるから来いと言う。眠い目をこすりながら教えてもらったホテルに向かう。大通りの裏手に入ると、客室やロビーがコの字形に並ぶ二階建ての隠れ家風のホテルが見えた。コの字の真ん中は敷石がされた中庭で、結婚披露宴ができそうな広さだ。

中庭を囲う客室の前で主に首都ジャカルタと西ジャワから来た達人やその弟子たちが地べたに座って談笑していた。人数は十五人ほどで年齢は二十歳から六十歳代と幅があったが、全員男性だった。そして流派外にもよく知られる技や珍しい武器について語らっていた。スマルさんは「今村、こんな和やかな光景、ジョグジャカルタでしか見られないぞ」と誇らしげだ。各地から集まってきた達人たちは地元のしがらみから解放されて羽を伸ばしている、という意味だったようだ。

スマルさんの呼びかけで、男たちは中庭の真ん中であぐらをかいて車座になった。スマルさんが感謝の言葉を述べたあと、せっかくお越しになっているのだから、と腕が丸太のように太い壮年のラフマットさん（仮名）に技を見せてくれとせがむ。ラフマットさんは謙遜しながらも、弟子とともに車座のなかに歩み出る。相手の顔面にパンチを見舞うために相手に隙を作らせる技術を弟子相手に実演してくれた。スマルさんは映画俳優としても知られる人物を最優先したらしい。

そのあとはスマルさんよりも歳上で関係性が近すぎない人ほど先に指名され、口頭で丁寧に技の説明をしながら弟子相手に技をかける。親密な人ほどあとに回され、ぞんざいに扱われていた。

順序も重要だが、誰がやられ役になるかも重要なようだった。自分の弟子を伴っていない場合、同郷の年下がやられ役になっていた。練習仲間にやられ役をお願いする人もいれば、よその師匠に断りを入れて弟子を借りる人もいた。

最後に技見せをすることになったのは、主催団体の構成員の一人で、ある流派で指導員を務める若者アルシー（仮名）だった。その場に彼の弟子はおらず、招待した達人たちやその弟子たちを相手役に選ぶわけにはいかず、筆者がやられ役に選ばれた。筆者は臨時の手伝いにすぎないしアルシーよりも年下だった。ある意味ではそこでの立場は筆者がいちばん下だった。

車座の真ん中で、小柄なアルシーは筆者と正対する。アルシーは「私の所属流派のよそでもよく知られている技をお見せします。今村、右拳で突いてこい」と指示する。筆者が殴りかかると、彼は背後にサッと回り、背面から筆者のおでこにそっと右手の平を当ててあごを左手で

写真1　技見せ会の様子。首根っこをつかまれて倒されているのは筆者。写真は2023年2月6日にイベント主催団体の Tangtungan Project から許可を得て使用

そっと突き上げる。筆者の身体は弓なりにのけぞる。彼は筆者が地面に頭を打たないようにやさしく支えながら筆者をひきずり倒した。拍手と笑い声が起きる。達人たちは技の練度を鑑賞していただけではなかった。誰かが一方的にやられる姿も楽しんでいるようだった。

この事例では、勝ち負けはあらかじめ決まっている。技を紹介する側が常に勝つ側になる。また、自分よりは社会的地位が低いと思われる人をやられ役にするし、やられ役に選ばれるのはすでに関係性がある人や、仲がいい達人の弟子である。その逆はない。このやり方なら、うっかり弟子が師を負かすようなことは起こらない。すでにある社会関係や上下関係という序列を、技見せを通して確認しあっているようにも思える。社交の場としてコミュニケーション

を楽しんでいるようでさえある。

ただ、彼らも技の優劣にまったく関心がないわけではない。人前で本人に面と向かって技の評価を伝えたりはしないが、こっそりとよその達人の技の評価を第三者に伝えることがある。筆者自身もこの技見せの会で、「彼の技より私の技のほうが上だよ」と耳打ちされた。

おわりに

シラットにとって近代スポーツ化とは、愛好者を競技者と運営、観客の関係の枠にはめこむ作業だった。競技空間の内側は選手の所属流派の絶対的な優位を確認する場所ではなく、選手同士がルールのなかで勝利を目指す場所になった。試合結果の不満を処理する方法は暴動や仇討ちではなく、競技空間をとりしきる審判による絶対的な裁定になった。暴力は基本的には競技空間の白線の内側に閉じ込められた。

競技空間の白線が引かれると、白線の外側でたむろする人も目につくようになった。一例としてあげた達人たちは、和やかに社交を楽しみながら、勝敗を決する試合という装置が処理してくれない技の優劣への関心を満たそうとしていた。もしも勝ち敗けにこだわったら関係にヒビが入るのがわかっていたのだろう。表向きはにこやかでも、裏では技の優劣に執着し、疑似的な勝ち負けで溜飲を下げていた。白黒つけがたいものを白黒つけない形態で示し合うことで火花を散らし合っていた。

ところで過去にスマルさんは、「ジョグジャカルタでのシラトゥラフミの会（SILATurahmi

Yogyakarta)」と題して流派間の交流会を開いたことがあった。あえてシラトゥラフミの頭の部分を大文字にして、武術のシラット（Silat）のつづりを連想させようとしていた。シラトゥラフミとは親愛あるつながりを指すイスラームの用語なのだが、インドネシアでは人との出会いのすばらしさを強調するときにも使われる。スマルさんはこのもじりを通して、シラットには人と人とをつなぐ社交の側面もある、と伝えようとしているようにみえる。腹の底では互いにお山の大将と思っていたとしても、表向きにはリスペクトと親愛を示す。そうすることで対等な関係を演出しようとしていたのかもしれない。つまるところ、闘いに関心がある人たちは他者の尊厳を傷つけないように自分自身の欲求と闘っていたのだった。

注

（1）水上浩「インドネシアの武術プンチャック・シラットの稽古とことばの役割」、目白大学総合科学研究編集委員会編「目白大学総合科学研究」第二号、目白大学、二〇〇六年

（2）Ian Douglas Wilson, "The Politics of Inner Power: The Practice of Pencak Silat in West Java," Ph.D. dissertation, Murdoch University, 2002, pp. 94-129.

（3）増野亜子「バリ島行列音楽考——音・身体・場所の経験」、野澤豊一／川瀬慈編著『音楽の未明からの思考——ミュージッキングを超えて』所収、ARTES、二〇二一年、中村昇平「何も起こらない日常に変化をみる——生活世界の改変と継続の不可分性」、松田素二／阿部利洋／井戸聡／大野哲也／野村明宏／松浦雄介編『日常的実践の社会人間学——都市・抵抗・共同性』所収、山代

印刷出版部、二〇二一年

（4）O'ong Maryono, *Pencak Silat: Merentang Waktu*, Pustaka Pelajar, 1999, pp. 100-101, 136-137.

（5）インドネシア固有のスポーツもあると主張するために、第一回大会でシラットが公開競技として実施された。

（6）Maryono, *op. cit.*, pp. 133-134.

（7）*Ibid.*, pp. 143-145, 187-188.

（8）*Ibid.*, p. 153.

［付記］本コラムのデータはＩＮＰＥＸ教育交流財団の二〇一二年度助成による研究成果の一部である。記して感謝を申し上げる。

第5章　秋田県の地元一曲民謡大会にあつまる人たち

——趣味になった民謡が生み出し支える場

梶丸 岳

はじめに

民謡研究家として知られた竹内勉は民謡コンクールの心得をまとめた一九八五年の著書『民謡コンクール手帖』で次のように述べている。

一年は（略）六十二日の休日がある。その休日に、日本列島各地の文化会館、市民会館、公民館、さらには貸ホールまで、とにかく舞台が備わって客席が二百以上ある会場では、すべてといってよいほど民謡の大会が催されている。したがって、一年間に催される民謡大会は、三万にも及ぶだろう。

そして、そのうち半分近くが、なんらかの形でコンクール形式をとっている。(1)

さすがに三万というのは過大だろうが、日本全国津々浦々、民謡があるところ民謡大会がある（あった）のは確かである。だが、民謡の研究は数多いのに、民謡大会の研究はほとんどない。せいぜい戦前におこなわれていた「郷土舞踊と民謡の会」(2)や、早くから全国的に有名で、戦前や戦後すぐから開かれていた「江差追分」や「安来節」の大会を扱った近現代史的研究(3)が目につく程度である。これには民謡を「郷土の民衆集団の間に自然に発生し、伝承されてゆくうちに、その生活感情を素朴に反映した歌謡(4)」と定義し、生活から離れ、ステージでプロの歌手によって歌われるようになった民謡を「俗謡」として「民謡」から除外してきた民俗学的な民謡観が大きく影響している。(5)柳田國男以来、日本の民謡研究を主に担ってきたのは民俗学だった(6)が、こうした民謡観に従えば、民謡の真正性を求めれば求めるほど対象になる民謡が存在しなくなるの(7)は明らかである。

だが学者たちの苦悩をよそに、一般の民謡愛好家やプロの民謡歌手はステージで歌われるようになった「民謡」を当たり前に歌っている。(8)こうした、民俗学から排除された「民謡」を正面から扱ったほぼ唯一の研究が日本民謡研究者デイヴィッド・W・ヒューズの著書 *Traditional Folk Song in Modern Japan: Sources, Sentiment and Society* である。この本のなかでヒューズはこれまでの民謡ブームを、①一九一五年ごろから始まる新民謡運動、②戦後復興期（一九四七年ごろから五〇年代まで）、③七〇年代後半から八〇年代、の三つに分けている。そしてこれらのブームに従って起きた様々な変化（ステージ用に三味線や尺八などの凝った伴奏が付き、節回しが整えられ、保存会ができ、ステージで身なりを整えて歌われるようになるなど）を民謡の「現代化」として捉え、[9] この変化の一部として民謡大会を位置づけている。

彼がとりわけ注目したのが「地元一曲民謡大会」（local single-song contest）である。[10] しばしば「全国大会」と銘打たれるこうした大会は、その名のとおり全国どこからでも（それこそ海外からでも）参加することができるが、競うのは何らかの意味で「地元の唄」とされる一曲だけだという点に特徴がある。地元一曲民謡大会は三回目の民謡ブームに伴って急増し、一九八八年には百以上の大会が開かれていたといわれ、ヒューズが数えたかぎりでは二〇〇七年でも八十三の大会が開かれていたという。

これらの大会が開催される理由はたいていが観光振興や町おこしだが、山形県東根市で開かれる最上川舟唄全国大会と、これに対抗して開催されるようになった大江町の正調最上川舟唄全国大会のように、地元のプライドがかけられている場合もある。とはいえ、ほとんどの大会は自治体というより地元の民謡愛好家たちによって始められているという。[11]

本章では、主に二〇一七年から現在まで継続している現地調査で得た資料などをもとに、現在民謡を愛好する人たちが集まる民謡大会、なかでも「民謡王国」と呼ばれ、とりわけ民謡大会が盛んである秋田県の地元一曲民謡大会を対象にする。そして、これまでほとんど光を当てられてこなかった民謡大会がどういう成り立ちなのか、どういった変化をたどってきたのか、そしてなぜいまも人々が集まり大会が続けられているのかを明らかにしていく。

1　秋田県での地元一曲民謡大会の成り立ち

秋田県を含む東北地方では戦前から各地で祭りなどの際に舞台が設けられ、そうした機会を巡業して回る民謡芸人の一座が複数活動していた[12]。戦後に起こった第二次民謡ブームを牽引したNHKのど自慢全国コンクールでも秋田県代表が第十回から第二十一回大会のうち六回も優勝していて[13]、秋田民謡は民謡界でのスタンダードナンバーになっている[14]。数は昔よりもずいぶん少なくなったらしいが、いまでも秋田県では神社の祭りやイベントなどに合わせてステージが設置され、そこに地元で有名な民謡の歌い手たちが呼ばれて唄を披露したり、二〇二一年には県民の健康寿命延伸を目指して県が歌詞を公募して「新・減塩音頭」を作ったりと[15]、何かにつけて民謡が出てくるあたり、いまでも日本屈指の民謡県であることに変わりはない。

地元一曲民謡大会については新型コロナウイルス感染症拡大で二〇二〇年以降は多くの大会が中止を余儀なくされていたが、一八年時点では「全国大会」と銘打った大会が十三開かれていて（表1）、これ以外にも仙北荷方節大会など「全国」と銘打っていない大会がいくつか開かれていた。

表1に示したように、多くの大会は第三次民謡ブームの後半ごろから、ブームが遠く過ぎ去った二〇〇〇年代にかけて始まっている。一七年から一九年にかけておこなった現地の大会運営関係者へのインタビューによると、ほとんどの大会は基本的に町おこしを大きな動機として始まっている。

表1　2018年時点における秋田県の地元一曲民謡全国大会一覧

開始年	大会名
1984年（昭和59年）	本荘追分全国大会
1986年（昭和61年）	生保内節全国大会
1988年（昭和63年）	秋田船方節全国大会※
1989年（平成元年）	秋田おばこ節全国大会
1990年（平成2年）	秋田追分全国大会※
1991年（平成3年）	長者の山全国大会
1993年（平成5年）	秋田港の唄全国大会
1994年（平成6年）	秋田長持唄全国大会
1996年（平成8年）	秋田草刈り唄全国大会 in にかほ
1996年（平成8年）	秋田おはら節全国大会
1997年（平成9年）	秋田馬子唄全国大会
2003年（平成15年）	三吉節全国大会
2008年（平成20年）	秋田飴売り節全国大会

※現地での大会運営への調査ができていない大会（2023年5月時点）

例えば最初に大会が始まった本荘追分全国大会は、当時一村一品運動で非常に流行した町おこしの一環として、古くから大会がおこなわれている「江差追分」と同じ追分だから一つやろう、ということになって始められたという。「本荘追分」にみられるように、こうした町おこしは政策的な予算や行政側の事情と密接に絡んでいる。例えば生保内節全国大会の開始は一九八四年から通産省が実施した地域小規模事業活性化推進事業で大きな予算がおりてきたことが背景にあり、長者の山全国大会は旧千畑町新庁舎落成記念で何かやる必要があったから企画されたのが恒例化したものだという。そうした行政の事情とはまったく関係なく始まった大会としては、当初から純粋に「三吉節」の保存を目的にしていた三吉節全国大会がある。表1のうち最も最近に始まった秋田飴売り節全国大会は行政的名目として町おこしがあるとしながら、基本的には唄の保存のためにおこなっているということだった。

そして、すべての大会で重要なのは地元の民謡愛好家たちの熱意だった。生保内節全国大会が始まった当初から関わっていたある人物によると、前述の予算的事情がありながらも、「生保内節」が地元で古くから愛されている民謡であることもあって、やるとなったら全町（当時は田沢湖町、現在は仙北市田沢湖）をあげて非常な熱気で開催されたという。秋田飴売り節全国大会についても、実質的にはかなり以前から実行委員長が非常に熱意をもって各所にはたらきかけたことが大きかったようだ。

ここまではヒューズが指摘した「観光振興・町おこし」と「民謡愛好家の熱意」という動機と一致している。そしてヒューズがあげた動機「地元の誇り」と関連しながらも、ヒューズが指摘していない動機として面白いのが民謡歌手と地元のつながりである。秋田おはら節全国大会は、地元出身の民謡歌手・高橋節子が「秋田おはら節」で日本民謡大賞をとったのを機に大会が始められたという。秋田馬子唄全国大会も、開催地の旧大内町（現・由利本荘市）はかつて馬の養育が盛んだったという背景はあるものの、「秋田馬子唄」が地元の唄というわけではなく、地元出身の民謡歌手・佐々木常雄が民謡日本一になった際、B面に「秋田馬子唄」を吹き込んだレコードを出したからこの唄で大会を開くことになった、ということだった。秋田長持唄全国大会も、地元出身で全国的に知られた民謡歌手だった長谷川久子が当地（当時は雄和町、現・秋田市雄和）出身であり、もともとは男性の唄だった「長持唄」をアレンジして広めたこともあってここでおこなわれることになったという。(16) 地元の唄だからというよりも地元出身の有名民謡歌手が歌ったからという理由で開始された大会がいくつもあるというのは、プロの民謡歌手を数多く輩出した「民謡王国」秋田ならではのことだろう。

2　衰退しつつある地元一曲民謡大会

町おこしのような自治体側の事情と民謡愛好家の熱意などが絡み合って始まった民謡大会だが、民謡ブームはすでに遠く過ぎ去り、聴衆の動員力がほとんど失われてしまったいま、町おこしとしての役割が失われていることはほとんど誰の目にも明らかになっている。自治体の財政状況悪化に伴ってほぼどの大会でも自治体からの補助金が削減され続けていて、運営に携わってきた人々の高齢化も進み、地元一曲民謡大会は財政的にもマンパワー的にもかなり苦しい状況に置かれている。実際、コロナ禍前の二〇一九年に秋田馬子唄全国大会は「大会の運営にかかる経済的な負担」を理由に終了になり[17]、コロナ禍の二一年には秋田草刈唄全国大会inにかほが「実行委員会の高齢化」などを理由に終了[18]、本荘追分全国大会も主催していた商工会が、入場者数の回復が見込めず「観光振興の面で一定の役割を果たした」として同年に終了した[19]。

過去の大会プログラムにある情報をもとに大会参加者数や参加者年齢層の推移をみても、地元一曲民謡大会が衰退してきていることは明らかだ。図1は二〇〇〇年代以前の情報が手元にある四大会の参加者数推移を示したグラフである。これをみると、どの大会も〇〇年あたりをピークに減少しつづけていることがわかる。生保内節全国大会ではピークの一九九九年に二百九十九人いた参加

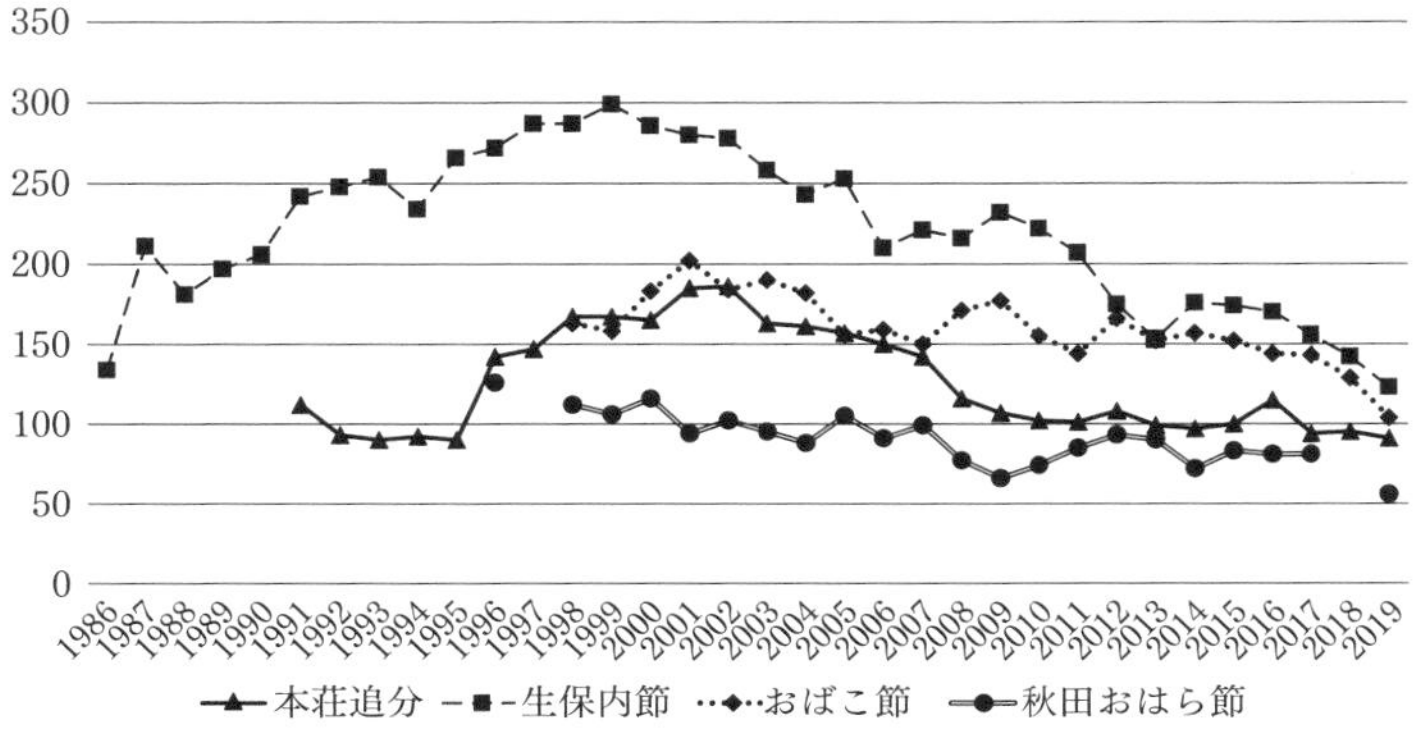

図1　全国大会参加者数推移
参加者数は基本的に各年の大会プログラムに記載されている情報に基づく。なお、当日欠場する参加者が毎年いるので、実際に舞台に立った参加者数はこれよりも若干少ない

者が二〇一九年には百二十三人に、秋田おはら節全国大会でもピークが一九九六年に実施された第一回大会の百二十六人で、そこから参加者数はずっと減少傾向にあり、二〇一九年には五十六人にまで半減している。

また年齢層については、毎年「大会メモリー」として前年大会の参加者の属性に関する集計がプログラムに載っている本荘追分全国大会の年代構成の推移を図２に示した。これをみると、もともと三十代以下は少ないものの、四十代と五十代が開始当初六七パーセントを占めていたのが、二〇一七年にはわずか八パーセントになり、逆に六十代以上が六八パーセントを占めるようになっている。高齢化が深刻になっているのは、ほかの大会でも同様だ。秋田県の地元一曲民謡大会ではしばしば中学生以下の「年少の部」、メインである「一般の部」や「大賞の部」、高齢者対象の「熟年の部」「高年の部」などの年齢別部門が設けられている。しかし、本来メインであ

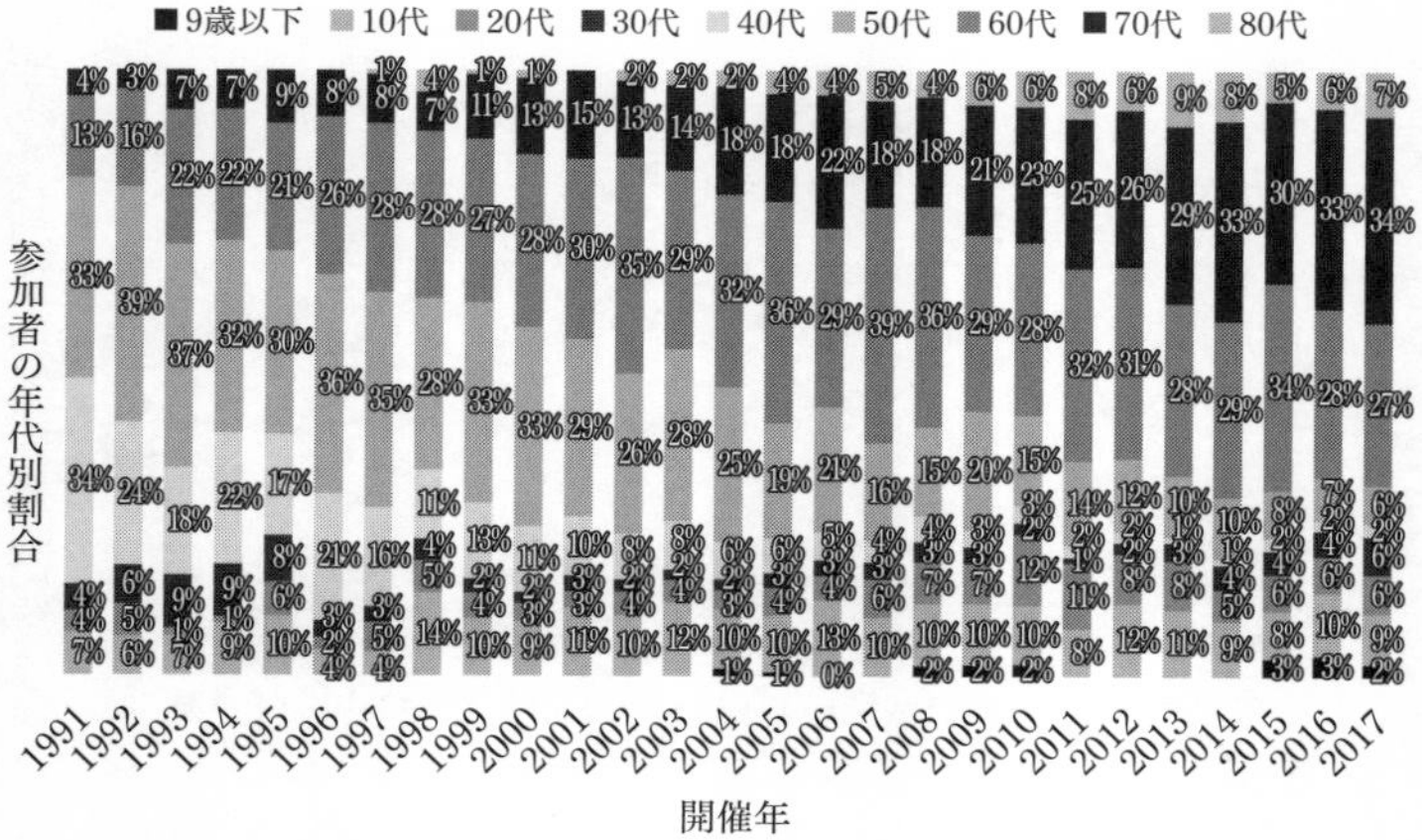

図2　本荘追分全国大会参加者年代別割合の推移

るはずの一般の部よりも高齢者対象部門の参加者のほうが多くなってしまうのを避けるために、秋田おばこ節全国大会ではもともと六十歳以上だった高齢者部門の年齢基準が〇〇年に六十五歳以上になり、〇六年に七十歳以上、一四年には七十五歳以上へと引き上げられている。ほかの大会でも、高齢者部門の年齢基準はおおむね七十歳以上ということになっている。

こうした現状からもわかるように、秋田県の地元一曲民謡大会は現在岐路に立たされている。二〇一八年の秋田馬子唄全国大会会場では民謡業界関係者から「人数減ってきたら独立してやるのは無理がある。大会の合併とか考えないと」という声も聞かれた。そして実際二二年に、「二〇一九年度を最後に幕を閉じた「本荘追分全国大会」と「秋田馬子唄全国大会」に代わる発表場を設けようと」由利本荘市の民謡関係者らで組織する実行委員会が企画し、第一回由利本荘民謡大会が開催された。[20] この大会で優勝した山上衛氏によると当日はかなりの盛況だったということだが、もしかするとこうした大会の終了や統合という動きが今後も続くのかもしれないし、ほかの新たな取り組みが出てくるのかもしれない。[21]

3　なぜ地元一曲民謡大会はいまも続いているのか

衰退し曲がり角にある地元一曲民謡大会だが、いまでも来場者・参加者がそれなりにいるのもまた確かである。ではなぜ、いまも人々は大会に集まり、大会はまだ続いているのだろうか。

二〇一八年の第三十三回生保内節全国大会でとった来場者アンケート（回答数五十七）によると、「自分が出場するから」という理由をあげた回答が九、「親類、友人が出場するから」という理由をあげた回答が二十一、「生保内節が好きだから」という理由をあげた回答が二十四あった。このアンケートは来場者全員に配布できたわけではなく、回答率も不明なので統計的にさほど意味があるものにはなっていないが、おそらくかつてほどではないにしろ、大会には親類や友人など関係者[22]が出るから、あるいは純粋に好きだから唄を聴きにきている人がそれなりにいたことはわかる。なお、「これまで他の大会を見に行ったことはあるか」という質問には「あり」が四十、「なし」が十五あり、民謡大会の聴衆はかなりの割合で複数の大会を見にいっていることがうかがえる。ほかの大会ではアンケートを実施していないが、複数大会を見にいったことがある人が多いことに鑑みると、ほかの大会でも同様な傾向がみられるのではないかと推測される。

大会参加者については、インタビューで得られた参加動機に関連する語りをみてみると、二十代から三十代の若手女性参加者が「同世代と切磋琢磨するため」[23]という上達志向の動機をあげたのに対し、年配になると「好きで聴きにきていたが、聴くばかりだと悪いため」[24]や「唄うのは健康にいいし運営への協力にもなる」[25]、また複数人から「農業をやめて（または退職して）暇になったから」などの、あまり上達志向がみられない理由が動機としてあげられていた。

なかでも注目したいのが、しばしば聞かれた「趣味だから」[26]「民謡が好きだから」[27]、そして「民謡の友達ができるから」や「友達というほどではないが、唄であちこち行くと農家やってたらまず知り合わない人とも話して刺激になるから」[28]という理由である。「民謡が好きだから」という理由は先にあげたアンケートでもみられたが、民謡大会に出場しようという人たちが民謡好きなのは当然だろう。「大会参加はボケ防止みたいなもん。数千円（の参加費）で一日楽しめるいいもの」[29]という声もあった。民謡好きにとって、大会は一日じゅう一つの唄を楽しめる娯楽なのである。

そして「民謡の友達ができるから」という理由に関しては、実際に大会会場の控室やロビーで「久しぶり！」と談笑する参加者たちの姿を見かけることも少なくない。控室ではたいてい民謡団体ごとになんとなく島ができているのだが、その間を行き来しては互いに挨拶する様子もしばしば見られる。同じ団体に所属していれば民謡教室などでの練習やイベントで顔を合わせることもあるが、異なる団体に所属していたり、離れた地域に住んでいたりする同好の士と会う機会は大会以外ほぼない。二〇一八年九月二十日に自宅でインタビューした七十代の女性は、「民謡やって大会とか出るとたくさん民謡の友達ができるのがいちばんいいところ。だいたいどの大会でも顔ぶれが同じなので仲良くなる」と語っていた。大会運営に携わっている人々も複数の大会の運営に参加していたり、ほかの大会に出場者として参加していたりする。(30)秋田県は全国的にみて民謡が盛んな県ではあるが、それでも民謡は比較的マイナーな趣味である。(31)大会は、同じ趣味の仲間とつながりを作って維持する場として機能しているのである。ちなみに、秋田県の地元一曲民謡大会では優勝するとその部門に出場できなくなるのだが、熟年の部で優勝した人が「人情として「優勝したからハイさよなら」とはできなくて」という理由であえて優勝する可能性が低いメインの一般部門に出ていることがあるのも、(32)地元一曲民謡大会が人々のつながりを作り出し、またそのつながりによって人々が集まっていることを示す好例である。

大会にはもう一つ、モチベーション維持装置としての役割がある。大会参加者へのインタビューや民謡教室での調査では、特に高齢の参加者に「大会前に練習するだけ」という人が見受けられた。これは逆にいえば、大会があるから練習に身が入るところがあるということである。筆者が観察したかぎり、民謡教室で生徒たちが先生から指導を受けているのはたいてい、直近で出る予定の大会の唄だった。秋田市の民謡専門レコード会社社長(33)によると、最近は「ドンパン節」や「秋田音頭」などの、大会にはなっていないが有名な秋田民謡のＣＤの需要が増しているものの、基本的によく売れるのは大会で取り上げられる曲が中心だという。二〇一五年九月十三日に秋田市内でおこなった秋田県民謡協会理事へのインタビューでも、いまの民謡は教室と大会が中心になっているということだった。

運営側にも大会を維持していく切実なモチベーションがある。三吉節全国大会は当初から明確に「唄の保存」を目的に掲げていたし、ほかの大会運営インタビューでも「どこか大会をやめたらほかもばたばたやめるんではないか」「一度やめてしまうともうできなくなる」という声も聞かれた。秋田港の唄全国大会も新民謡だということもあり「意識して唄い継がないと残らない。港の唄が今も全国で唄われているのは、大会を続けてきたからこそ」と実行委員長が話していた(34)という。前述のとおり秋田県の地元一曲民謡大会は地元の民謡愛好家たちの熱意で始められているが、それがいまも続いているのは「唄が好きだから」というだけではなく「やめてしまうと唄が絶えてしまうから」という危機感があるからなのだ。

おわりに

秋田県の地元一曲民謡大会についてみてきた。ここまでの内容をまとめると、これらの大会は最後の民謡ブームが盛り上がった一九八〇年代、そしてブームが去った九〇年代から二〇〇〇年代初頭にかけて、行政側の事情と民謡愛好家たちの熱意、そしてときに民謡歌手を媒介した唄と地域のつながりが絡み合って成立していた。しかしながら地元一曲民謡大会はその後参加者の減少や参加者・運営組織の高齢化によって衰退を余儀なくされ、これまでのあり方に限界がみえてきている。そして現在は、大会の統廃合がおこなわれるなど、岐路に立たされている。

こうした大会を支えているのは運営側の努力と、なによりも大会に集まってくる人々である。現在大会にきている人々の動機は様々であるものの、「切磋琢磨する」という上達志向や競争意識の明確な動機、唄そのものを楽しみにきているという娯楽的動機と、親類や友人の付き添いだったり、所属する民謡団体を超えて民謡を趣味とする仲間と集まるためだったりという社交的動機に大きくまとめられる。また、大会が民謡に向かうモチベーションを維持するための装置になっているという点、そして運営側に「唄を残す」という切実な動機があるということも、大会が続く理由として見逃せない。本書ではアイルランド音楽（水上えり子のコラム「伝統音楽へ人々を巻き込む仕組みとしてのコンペティション」）、グンデル・ワヤン（本書の第6章「発熱するコンクール――バリの伝統音楽グンデル・ワヤンの事例から」〔増野亜子〕）など現在盛り上がりつつある、あるいは人気が定着している伝統芸能の大会が取り上げられ、特にグンデル・ワヤンの大会が人々の「熱」をいまも生み出している様子を描いているが、そこでみられる要素が（グンデル・ワヤンよりは効果が弱々しいように思われるが）秋田の地元一曲民謡大会にも見いだされるのである。

最後に付け加えておきたいのが、シリアスレジャーとして民謡をみる可能性である。本章では民俗学的民謡研究批判という文脈から民謡大会をみてきたが、角度を変えればいまの現代化した民謡は愛好家たちにとってある種のシリアスレジャー、つまり長期的に専門的な知識やスキルを追求して楽しむ趣味活動(35)になっているとみることもできる。そう考えると、本章でみてきた大会は民謡という趣味活動を支え、またそれに支えられたイベントなのである。地域に縁がある特定の唄を守るという軸と、腕前を積極的に競いにくる人もいればもっぱら社交を目的にくる人もいるという懐の深さをもつことが、秋田県の地元一曲民謡大会という一見変わったコンクールを成り立たせていることが本章で明らかになったが、その背景になっているシリアスレジャーとしての民謡がどのようなものなのかについて明らかにしていくことは、これからの現代的民謡研究での課題である。

注

（1）竹内勉『民謡コンクール手帖』（「民謡のこころ」第五集）、東研出版、一九八五年、九ページ

（2）黛友明「「郷土舞踊と民謡の会」の理念と現実――日本青年館所蔵資料と竹内芳太郎のノートから」「神奈川大学日本常民文化研究所調査報告」第二十八集、神奈川大学日本常民文化研究所、二〇二〇年

（3）長尾洋子「ホールでうたう――大正期における演唱空間の拡大と民謡の位置」、細川周平編著『民謡からみた世界音楽――うたの地脈を探る』所収、ミネルヴァ書房、二〇一二年、渡辺裕『サウンドとメディアの文化資源学――境界線上の音楽』春秋社、二〇一三年、David W. Hughes, ""Esashi Oiwake" and the Beginnings of Modern Japanese Folk Song," *The World of Music*, 34(1), 1992.

（4）町田嘉章／浅野健二編『日本民謡集』（岩波文庫）、岩波書店、一九六〇年、四〇八ページ

（5）前掲の『民謡コンクール手帖』を著した竹内勉も民謡の概説書で、コンクールが開かれステージで聴衆に聴かせることになったいまふうの「民謡」を「「民謡」という名の「俗謡」」と書いている。竹内勉『民謡――その発生と変遷』（角川選書）、角川書店、一九八一年、二九八ページ

（6）島添貴美子『民謡とは何か？』（オルフェ・ライブラリー）、音楽之友社、二〇二一年、一九一ペー

ジ。なお武田俊輔によると、柳田國男自身は民謡を単なる「消滅の語り」のレベルで捉えていたわけではなく、複製メディアに基づいた歌謡（〝歌〟）の大衆的な広がりから「人々の内奥の感覚やその感覚を表白する」〝ウタ〟を守ろうとしていたのだが、こうしたメディア（印刷文芸）批判はその後の研究者たちに継承されることはなかったのだという。武田俊輔「柳田國男の民謡論――〈声〉からの近代批判の可能性と困難」、ソシオロゴス編集委員会編「ソシオロゴス」第二十六巻、ソシオロゴス編集委員会、二〇〇二年

（7）前掲『民謡とは何か？』第十三章

（8）そもそも、現在「民謡」と呼ばれる歌謡は単に「うた」と呼ばれるものだった。それが日本の近代化とともにドイツ語のVolksliedの訳語として「民謡」という言葉が使われるようになり、民俗学の発展や「国民文化」醸成をめぐる運動とも絡み合って、徐々に一般に広まっていったという経緯がある（同書の第十一章から第十三章を参照）。なお、日本民謡研究者のデイヴィッド・W・ヒューズは、一般の人たちが「民謡」という言葉であらゆる日本の民謡を指すようになったのは一九七〇年代あたりのことではないかと推測している。David W. Hughes, *Traditional Folk Song in Modern Japan: Sources, Sentiment and Society*, Global Oriental, 2008, pp. 12-13.

（9）*Ibid.*, pp. 297-302.

（10）*Ibid.*, §5.5. なおヒューズはこの用語に「民謡」を加えていないが、民謡の大会を指して使われているので、わかりやすさのために本章では「地元一曲民謡大会」という用語を使うことにする。ちなみに、これらの大会には新民謡も含まれる。

（11）*Ibid.*, p. 228.

（12）例えば秋田の民謡三味線名人として知られた初代浅野梅若の評伝には、戦前に梅若が民謡を出し物

にした芸人一座の巡業公演を見にいったり、巡業に参加したりしていたという話が出てくる。倉田耕一『浅野梅若――三味線一代、その時代と人々』無明舎出版、二〇一一年

(13) 前掲『民謡』二六三ページ

(14) もちろんこの前史として、戦前に「秋田おばこ節」で名をあげ一座を率いて日本各地で秋田民謡を歌って回った佐藤貞子や、秋田県仙北地方の芸達者なアマチュアを集めて仙北歌謡団を組織し、一九三一年から四二年にかけて各地で公演をおこないレコードの吹き込みをするなど、秋田民謡の普及向上に取り組んだ小玉暁村などの活動も重要である。仙北市伝統文化活性化委員会編『佐藤貞子没後60年記念事業報告集――貞子の心、ふたたび』仙北市伝統文化活性化委員会、二〇一一年、佐藤章一『佐藤貞子と私・その周辺』民謡あきた新聞社、一九八六年、民族芸術研究所編『秋田民謡育ての親小玉暁村』無明舎出版、二〇一三年

(15)「「新・減塩音頭」を健康づくりにお役立てください！」「美の国あきたネット」(https://www.pref.akita.lg.jp/pages/archive/57659)［二〇二三年一月十一日アクセス］

(16) 大会プログラムの解説には、長谷川版秋田長持唄発祥の地として「この唄の正しい伝承と普及を期し全国大会を開催する」とある。

(17)「「秋田馬子唄全国大会」23年で幕　運営費重く、参加者も減」「秋田魁新報」二〇一九年九月十一日付

(18)「草刈唄全国大会、歴史に幕　高齢化にコロナで…にかほ市」「秋田魁新報」二〇二一年四月六日付

(19)「「本荘追分全国大会」継続を断念　入場減、19年開催が最後」「秋田魁新報」二〇二一年九月二日付

(20)「本荘追分と秋田馬子唄を歌い競う　初の由利本荘民謡大会」「秋田魁新報」二〇二二年九月十三日付

（21）二〇二二年九月二十五日の第三十五回生保内節全国大会会場でのインタビューによる。
（22）ほかには「社中が出演」「弟子が出場」という回答もあった。
（23）二十代女性、二〇一八年九月二十三日の第三十三回生保内節全国大会でのインタビューなど。
（24）六十代女性、二〇一九年四月七日の第二十五回秋田港の唄全国大会でインタビュー。
（25）六十代女性、二〇一八年九月八日の第二十二回秋田馬子唄全国大会でインタビュー。
（26）三十代女性、二〇一八年八月十八日の本荘追分全国大会でのインタビューなど。
（27）七十代女性、二〇一九年八月二十五日の第二十六回仙北荷方節大会でインタビュー。
（28）七十代男性、二〇一八年九月二十三日の第三十三回生保内節全国大会でインタビュー。
（29）七十代男性、二〇一七年八月二十七日の仙北荷方節大会でインタビュー。
（30）例えば二〇一九年九月六日におこなった秋田おはら節全国大会運営へのインタビューによると、おはら節と長者の山の大会運営スタッフはある程度重なっていて、秋田おばこ節全国大会や秋田飴売り節全国大会、南外小唄コンクールの大会運営者とも互いに個人的な行き来があるという。
（31）二〇一六年度の総務省社会生活基本調査での第八十六―一表「男女、趣味・娯楽の種類別行動者数（10歳以上）――全国、都道府県」「e-Stat」（［https://www.e-stat.go.jp/stat-search/files?page=1&layout=datalist&toukei=00200533&tstat=000001095335&cycle=0&tclass1=000001095377&tclass2=000001095378&tclass3=000001095386&tclass4=000001095389&tclass5val=0］［二〇二三年二月二十一日アクセス］）の集計結果によると、秋田県で「10_邦楽（民謡、日本古来の音楽を含む）」を選んだ人は全都道府県中四位で全国平均よりは高いものの、それでも総数（行動者数）のわずか三・九パーセントほどにすぎない。インタビューでも「日常生活で周りに民謡をやっている人はいない」「学校で民謡をやっていると言うと珍しがられる」という話が複数人から聞かれた。ちなみに、直近の二一年度調査だとこの割合が三・〇パーセントまで落ちてしまい全国平均以下になっているが、どのような要因でこうなっているのかは不明である。

(32) 七十代男性。二〇一八年九月二十三日の生保内節全国大会でインタビュー。

(33) 二〇一七年八月二十一日に会社事務所でインタビュー。

(34) 「秋田港の唄 新民謡ブーム機に誕生、故郷懐かしむ世界観」「秋田魁新報」二〇二三年二月十八日付

(35) 宮入恭平/杉山昂平編『「趣味に生きる」の文化論――シリアスレジャーから考える』ナカニシヤ出版、二〇二一年、Robert A. Stebbins, *Serious Leisure: A Perspective for Our Time*, Routledge, 2017.

[付記] 本章は科研費(課題番号17K13350)の助成を受けたものである。

第６章　発熱するコンクール

——バリの伝統音楽グンデル・ワヤンの事例から

増野亜子

はじめに——バリの伝統音楽はコンクールで熱くなる

インドネシア共和国バリ島は、人口約四百万人、面積五千六百平方キロの小さな島だが、音楽や芸能がとても盛んな土地柄である。伝統的な器楽合奏ガムランのコンクール（インドネシア語ではロンバ〔lomba〕）も盛んで、そこでは音楽家たちが名誉をかけて技を競い合い、観客は惜しみなく拍手と歓声を送って、みんなが熱く盛り上がる。それはまた新たな表現が生まれ、伝統がダイナミックに更新される場にもなってきた。本章ではガムランの一種グンデル・ワヤンの事例を中心に、コンクールがどのように人々を熱くするのか、またその熱が人々にどう作用するのかを考えたい。

1 競技会と伝統音楽

バリのガムランは、ヒンドゥー教寺院の祭礼や結婚式、葬儀などの儀礼の重要な一部であると同時にエンターテインメントでもある。州都デンパサールのアートセンターで毎年開催されるバリ芸術祭は後者の代表例であり、その一部として実施される大編成のガムラン・ゴング・クビャール大会では、コロッセウム形の大きな野外劇場に、あふれるほど大勢の観客が集まって演奏を楽しむ。各県代表チームは数カ月に及ぶ練習の成果を競い、驚くような超絶技巧や斬新な演出を披露する。客席から大きな歓声が上がり、指笛が響き渡って、まるで野外フェスかサッカーの試合のような盛り上がりだ。

一九六〇年代に開始したこのゴング・クビャール大会はかつては、舞台左右に陣取った二チームが交互に演奏する対抗形式で数日間にわたって実施され、審査で優勝を決める競技会だった。熱くなりすぎた観客のやじや、審査員への干渉・中傷が問題化したために、現在は順位を付けないフェスティバルあるいはパレードとして実施されているが、互いが優劣を競い合う雰囲気はいまも残っている。バリ芸術祭ではゴング・クビャール以外にも、儀礼での行列で演奏されるガムラン・バレガンジュールや、本章が扱う小編成のガムラン・グンデル・ワヤンの大会が開催されていて、これらは現在も優勝を目指して競い合うコンクール形式で実施されている。芸術祭以外にも、様々な記念日などに小規模なガムラン・コンクールが開催されることも多い。これらはあくまでも小さな島のなかでのローカルなイベントである。優勝すればプロとして稼げるようになるというわけではないし、賞金の金額が準備や練習の労力に見合うことは少ない。しかし、バリの芸能は伝統的に地域のアイデンティティーと深く結び付いていて、優勝は地域全体の栄誉と見なされるため、コンクールは大勢の人々を巻き込んで盛り上がるのである[1]。

こうしたガムラン・コンクール活況の背景には、伝統文化の継承だけでなく、それを現代的に発展させてアップデートすることを推奨する、インドネシアの文化政策がある[2]。コンクールではしばしば新作の創作が課題とされ、また伝統曲の演奏でも、ほかのチームに差をつけようと参加者が工夫を凝らすため、新しい演奏スタイルや技法が次々と生み出されてきた。ゴング・クビャールの新作は年々複雑に技巧的になっているし、バレガンジュールのコンクールでは演奏者が舞台上を走り回ってフォーメーションを次々に変え、踊りながら演奏する新しい演奏スタイルが生まれて定着した。

しかし、バリに息づく多様な伝統音楽のすべてが一斉に競技化し、現代化してきたというわけではない。本章で扱うグンデル・ワヤンは、二〇〇五年ごろまでコンクールとは無縁の音楽だった。グンデル・ワヤンは青銅製の鍵盤楽器二台もしくは四台一組からなる小編成のガムランで、左右の手にそれぞればち（パングル）を持って演奏する。複雑な構造をもつ曲もあり、技術的な難易度も高い。また、主に儀礼や影絵人形芝居（ワヤン・クリット）の伴奏として演奏され、神聖な音楽だと考えられてきた[3]（写真1）。

写真1　儀礼でのグンデル・ワヤンの演奏（バリ島カランガッサム県、2009年、筆者撮影）

筆者がこの楽器を習い始め、調査を開始した一九九〇年代、グンデル・ワヤンのコンクールはおこなわれておらず、演奏者が舞台上で観客の喝采を博す機会はほとんどなかった。儀礼の場ではたいてい地味なおじさんやおじいさんが淡々と演奏しているだけ。ゴング・クビャールのように超絶技巧が披露されることもなく、周囲の人々は演奏にさして関心を示さない。「神聖で難しい」音楽としてリスペクトされてはいるものの、基本的に渋くて地味、古風な音楽、というイメージだったのである。

2　コンクールが「種をまく」

二〇〇五年、デンパサール市は青少年芸術週間の一部として、初のグンデル・ワヤン・コンクールを開催した。青少年芸術週間は市内の小・中・高校が参加して、舞踊や合唱、スピーチなどで競技するイベントである。子どもを対象にしたコンクールは、ゴング・クビャールや舞踊などの分野では以前から存在したが、グンデル・ワヤンではこれが初めてだった。市内にグンデル・ワヤンを演奏する子どもは少なく、このままでは近い将来には演奏者がいなくなってしまうかもしれない。そう危惧した市職員で音楽家のイ・クトゥット・スアンディタは、次世代の「種をまく」ことを目的にグンデル・ワヤン・コンクールを企画した。彼はコンクールが「発電機」になって、子どもたちがグンデル・ワヤンを学ぶようになればいいと考えたという(4)。

スアンディタは市内在住の音楽家イ・ニョマン・スダルナと相談し、初心者でも参加しやすいように、比較的簡単でシンプルな曲を課題曲に選んだ。スダルナは当初「誰も参加者がいないのでは」と心配したが、初回は小学生の部だけでも約十組（二十人）が参加したという。翌年の第二回は小学生の部で予選が必要になるほど参加希望者が増え、当日の本選では小学生七組、中学生五組、高校生七組が演奏した。この第二回コンクールでは各部一位から三位までの入賞者に加え、奨励賞を含めて六組が表彰され、実質的に参加者のほとんどが賞を受けた。ここでは、演奏者をふるいにかけることよりも、できるだけ多くの子どもを励ますことが優先されたのだろう(5)（写真２）。

青少年芸術週間コンクールはその後も毎年開催され、回を重ねるごとに参加者や観客が増えて、全体的な演奏技術も高くなっていった。舞台で演奏する同世代の姿に刺激されてグンデル・ワヤンを学び始め、コンクールに挑戦する子どもが増えた結果である。コンクールは「発電機」としてうまく機能したといえる。

写真2　第2回青少年芸術週間のグンデル・ワヤン・コンクールでの授賞式。右から2人目がスダルナ（2006年、筆者撮影）

3　コンクールの「熱」が教室を生み出す

デンパサール周辺ではその後、様々なグンデル・ワヤン・コンクールが次々に開催されるようになった。コンクール・ブームの到来である。二〇一七年に筆者が見学したワルマデワ大学主催のコンクールには小学生二十四組、中学生十組、一八年に見学したデンパサール近郊のビンドゥ村主催のコンクールには小学生二十組、中学生二十三組、高校生四組が参加し、いずれも盛況だった。

またそれと同時に、デンパサール市内や近郊ではグンデル・ワヤンを教える個人主宰の教室（サンガル）が複数設立され、多くの子どもでにぎわうようになった。二〇二三年現在、市内には少なくとも八つのグンデル教室がある。その一つイ・クトゥット・アグス・スワスティカの教室では約六十人が学んでいて、週三回の練習日には子どもたちが入れ替わり訪れるが、その大半がコンクール参加を目標にしているという。コンクールで演奏する機会が増え、教室が増えたことで、グンデル・ワヤンは人気のお稽古事の一つになった。インドネシアの経済発展によって金銭的余裕がある家庭が増えたこと、特に都市部で教育熱が高まっていることも背景にある。二台一セットのグンデル・ワヤンは、大編成のガムラン・ゴング・クビャールを買いそろえるよりは手が届きやすいとはいえ、決して安価とはいえない。自宅に楽器を所有し、お稽古事に謝礼を払って学習環境を整えるには、相応の経済力が必要である。そもそも大人の送迎がなければ子どもたちが教室に通うことも難しい。子どもの音楽活動が盛んになるには、親の理解と支援、そしてある程度の経済力が必要である。

子どもを教室に通わせる親たちの大半はグンデル・ワヤンを演奏できない。だからこそ余計に、わが子がこの「難しくて神聖な」楽器を人前で弾きこなせれば鼻高々である。また、バリには芸能コンクールへの入賞が中学・高校進学に有利になる制度があることも、教育熱心な親たちを一層たきつけた。スワスティカの生徒の約半数は親の意向で習い始めたという。とはいえ上達には子ども自身の意欲が不可欠であり、コンクールへの参加は彼らの練習目標として機能している。コンクールを契機に親の情熱と子ども自身の意欲に火がつき、両者がうまく循環することで、「発電」が可能になったのだ。

親たちは子どもグンデル奏者の熱心なサポーターである。コンクールのために高価な楽器を用意し、貸衣装で着飾らせ、成功を神に祈る。演奏中は客席から熱心に拍手と声援を送り、子どもたちの晴れ姿を動画に収め、ＳＮＳに投稿する。しかし、実際に入賞できるのは参加者の一部にすぎない。熱心な親のなかには、自分の子どもが入賞できないと審査員を激しく批判したり、個人的な関係を利用して審査員にはたらきかけようとしたりする人もいる。そこまで入賞にこだわらない人には、自分の子どもがきれいに着飾り、大勢の前で堂々と演奏するだけでも誇らしく、晴れがましい経験である。演奏人口が増えて裾野が広がるにつれ、とにかく舞台に上がることが目標という初心者も増える。その両者を指導する教室と応援する家族の存在が、コンクールの流行を支えているのだ。

4 コンクール独自の演奏スタイルが生まれる

コンクールでは、通常の演奏とは異なる独特の演奏スタイルが用いられる。このコンクール・スタイルには次のような特徴がある（以下の説明は参照動画を視聴するとわかりやすいので、図1の二次元コードを参照）。

①技術の誇示

専門家である審査員たちは、グンデル・ワヤン奏者の手を見れば、その人の技能の程度がわかるという。鍵盤をばちでたたいて音を出し（ストローク）、同時に手指の側面を使って一つ前にたたいた鍵盤の振動を押さえ（ミュート）、さらに繊細な力加減で音量や残響をコントロールするためには、しなやかで敏捷に動く手が必要だ。グンデル・ワヤンには本来スローでやわらかな曲もあるのだが、コンクールでは技術をアピールするために、より速いテンポで、より音量の変化を強調して演奏する傾向があり、全体的な印象も派手になりがちだ。

②一体感の強調

儀礼や影絵芝居では状況や場面に合わせてその場で曲を選び、テンポや音量も臨機応変に変える。事前に入念なリハーサルをすることは少ないし、いつも決まった相手と演奏するともかぎらないため、演奏者同士でタイミングがきちんとそろわないこともままある。しかし、コンクールでは事前に決まったメンバーと課題曲をみっちり練習して本番に臨む。テンポも音量の変化も細部までかっちりと合わせ、統一感がある演奏を披露することを目指している。

③視覚的演出

コンクールでの演奏者は舞台上の主役として人々の注目を浴びる。このため「見られる」こと、「見せる」ことが強く意識されるようになった。普通、グンデル・ワヤンは楽器同士を向き合わせて配置するが（写真1）、コンクールでは審査員や観客からよく見えるように、舞台前方に向けてやや広がったハの字状に配置することも多い（写真3）。演奏者同士のアイ・コンタクトはいくぶんとりにくくなるが、手の動きや顔の表情を観客に見せることができ、また音も少し広がりをもって聞こえる。演奏者は豪華な伝統装と化粧で着飾り、演奏の前後やフレーズ間に、手を高く上げてひらひらと振ったり、客席に向かってポーズを決めたりという振り付けを加える。派手な衣装や大げさなジェスチュアは儀礼や影絵芝居では場違いであり、ほとんど用いら

図1　2次元コード

写真3　バリ芸術祭グンデル・ワヤン・コンクールでの演奏の様子。演奏者はギアニャール県代表スカワティ村のチーム（2013年、筆者撮影）

れないが、コンクールでの演奏ではむしろ必須である。コンクールでは目立つことはいいことなのである。

速いテンポで複雑なパターンをダイナミックに、ぴったりそろえて演奏し、演奏者の身体を美しく「見せる」――コンクール・スタイルは観客のまなざしを受け止め、最大限に技能を誇示して、競技に勝つことに特化した演奏法である。ジャンルが異なっても表現を競う際の戦略には共通する要素が多い。リサ・マコーミックは、国際ピアノ・コンクールでの演奏が「より速く、より大きく、より強く」という価値観に基づいていると指摘した(6)が、グンデル・ワヤンにも同じことがいえる。また一体感の強調は、同じ団体競技の完成度を競う吹奏楽やマーチングのコンクールと共通だ。難易度が高い技の追求や視覚的側面の強調も、程度の差こそあれ、コンクール全般にみられる現象だろう。

バリのコンクールでは一般に演奏中の表情、ジェスチュア、衣装などの要素は「プレゼンテーション（インドネシア語ではプナンピラン〔penampilan〕）」という審査項目に含まれる。しかし審査員にインタビューしてみると、審査の際に衣装や振り付けは考慮しない、大事なのはあくまでも「手」、すなわち演奏技術だという人が多い。彼らが注目しているのはひらひらと踊る「手」ではなく、正確なストロークとミュートを繰り出す「手」なのである。そうだとすれば、装飾的なジェスチュアは何のために発展したのだろうか。

　コンクール・スタイルは審査員にアピールする、というよりもむしろ観客、つまり応援する家族や友人を意識して発展してきたように思われる。コンクール流行以前には、グンデル・ワヤンが演奏できる人はごく少数だった。知識や経験がない人には、どの曲も同じに聞こえがちだが、奏者の表情や身体の動きを見ることは曲の情感を理解する助けになる。また手の微妙な動きから奏者の技術を判断することは専門家でなければ難しいが、振り付けやタイミングがそろっているかどうかは一般の観客でも視覚的に判断できる。テンポの速さやダイナミクスの強調も、多くの人に感覚的に理解されやすい。実際に審査するのは専門家だとしても、観客が自分なりに演奏を理解して評価できれば、応援にもより熱が入る。コンクール・スタイルの確立によって地味で難解なグンデル・ワヤンは華やかに、また親しみやすくなり、それによって多くの人々をコンクールに巻き込んでいくことが可能になったのだ[7]（写真4）。

写真4　バリ芸術祭グンデル・ワヤン・コンクールの会場の様子。舞台上左右のひな壇に4人ずつ2チームが座り、交互に演奏する対抗形式で進行する（2019年、筆者撮影）

5　勝負の場としてのコンクール

二〇一三年、バリ全県から代表が集まる県対抗グンデル・ワヤン・コンクールがバリ芸術祭の一部として開催されるようになると、コンクールの影響はより一層広がっていった。ギアニャール県スカワティ村の音楽家イ・クトゥット・ブダ・アストラは、県代表チームの指導者に任命された。スカワティは昔から、人形遣いやグンデル・ワヤン奏者が数多く住む影絵芝居の村として知られ、ブダも含めて影絵芝居関係者の多くは互いに血縁・縁戚関係にある。しかし、すでにコンクールが定着したデンパサールとは異なり、当時グンデル・ワヤン・コンクールの流行はここまでは届いておらず、子どもが集まるグンデル教室は存在していなかった。

ブダは自身の娘や甥など四人の中学生をコンクールの演奏者に選抜した。この段階の彼らは、多少の心得はあってもほぼ全員が初心者で、人前での演奏経験がない者もいた。しかしグンデル・ワヤンは「影絵芝居の村」のいわばお家芸である。しかも同じく影絵芝居で有名な他県の村も参戦する全県対抗コンクールとなれば、往年のライバル意識も刺激されたにちがいない。ブダにとって、このコンクールは絶対に勝たなければならないものだった。彼は周到にまた真剣にコンクールに向けて準備し、子どもたちを特訓した。一人ひとりの技能や癖を注意深く観察して、最善のパートに配置し、正確な手の動きでぴったりと息の合った合奏ができるようになるまで徹底的に指導した。また、本番前には予行演習として寺院での奉納演奏もおこなったという。

ブダはデンパサールのコンクールで審査員を務めた経験があり、コンクール・スタイルについてもよく知っていた。以前は派手な振り付けに批判的だったブダも、いざ家族がコンクールに参加するとなると、「コンクールにはジェスチュアが必須」と考え、特に序奏部には決めのポーズや装飾的な身ぶりを加えるよう指導した。当初デンパサールでのコンクールの様子をビデオで見た子どもたちは、ばちを振り上げてポーズする演奏者の姿に「なに？これ！」と爆笑したというが、その彼らも本番が近づくと、ばちの取り上げ方から、お辞儀のタイミング、退場の仕方までの一挙一動を念入りにリハーサルした。

コンクール当日は家族・親戚・友人など大勢が会場に応援にやってきた。本番では演奏の前後は もちろん曲の途中でも、奏者が技巧的なパッセージを鮮やかに弾きこなし、ポーズを決めるたびに、客席の応援隊から拍手と声援が上がった。それぞれがグンデル・ワヤンに一家言もつスカワティの人々は、他県代表の演奏も熱心に観察し、それぞれのスタイルや演奏者の力量を分析・批評し、順位を予想しあっていた。コンクールは、演奏者だけでなくみんなにとって一大事だったのだ。最終的にスカワティのチームが晴れて優勝すると、それは一族、そして村の栄誉として人々に記憶されることになったのである。

このコンクールに参加した演奏者全員が、このように「勝つ」気満々で舞台に臨んだわけではない。デンパサールから遠い地域からの参加者にはコンクール自体が初体験であるだけでなく、コンクール・スタイルの演奏を見たこともなかった人もいて、子どもの演奏者を探すことに苦労し、参加にこぎつけるだけで精いっぱいという県もあったようだ。この全県対抗コンクールは翌年以降も継続実施され、回を重ねるごとにコンクール・スタイルは広域に浸透していった。一方、ときには人材が獲得できずに参加を見送る県もあり、コンクールが盛んな都市部とそれ以外の地域の格差が浮き彫りになっている。

6 コンクールの「額縁効果」

グンデル・ワヤンのコンクールには、参加すること自体が目標という初心者から、一族の誇りを背負って勝負する精鋭まで様々なレベルの演奏者が参加し、それぞれの周囲では家族や指導者たちが練習を支え、準備を手伝い、熱心に応援している。また、専門家である審査員はもとより、運営に携わる実行委員も大半がガムラン演奏家であり、それぞれの思いとともにイベントに関わっている。コンクールは子どもの演奏者だけでなく、周囲の大人たちにも火をつけた。人々の熱意の相乗効果が、大勢の子どもグンデル・ワヤン奏者を生み出し、またこの音楽に新しい演奏スタイルをもたらしたのである。しかし、そもそもなぜコンクールは人を熱くさせるのだろうか。

コンクールというイベントの中心は、そこでの一回の演奏の価値が権威ある第三者に評価され、序列化されることにあり、それは端的にいえば栄誉をめぐる「勝負」にほかならない。単にいい演奏をするだけでなく、ほかよりも優れた演奏をすることを目標に人々は努力する。その成果に勝敗という明暗のコントラストが加わることで一連の過程はよりドラマチックになる。コンクールの熱源の一つは、努力の末に経験される達成感や満足感、勝利の喜びや敗北の悔しさなどの濃密な感情にあるだろう。

しかし演奏の優劣はそれほど明快に、誰もが納得する形態で評価できるものだろうか。サッカーなら得点の多いほうが勝ち、マラソンなら速いほうが勝ちだが、演奏の優劣を決めるのは難しく、審査結果に異論が噴出することもある。派手なコンクール・スタイルの演奏は本来の音楽のあり方ではないと批判する人も少なくない。そもそもグンデル・ワヤンの最も重要な役割は、儀礼での演奏である。そこでは他人と技術や評価を競う必要はなく、速いテンポで技巧的に演奏する能力も、人目を引く演出も二次的な価値しかもたないからである。にもかかわらず、コンクールがもたらす高揚とそこで得られる栄誉は人々を強く引き付け、たきつける。

競技化がもたらす発熱作用と引き換えに、コンクールは本来多様で多義的な演奏のあり方を、一つの枠組みに押し込む。課題曲や演奏時間を限定し、参加条件を設定し、審査員と評価基準を限定しておく。このように、演奏を構成する様々な要素のうち評価するポイントを限定し、それ以外を捨象することでようやく、評価や比較が可能になる。グンデル・ワヤンのコンクールの参加者は子どもか若者に限定され、経験豊かな高齢の奏者が彼らと競い合うことはない。さらに「子ども」も、小学生・中学生・高校生と年齢によって区分される。そのほうが比較しやすいからである。グンデル・ワヤンのレパートリーは本来、地域や個人によって様々なバリエーションがあるが、曲の構成も複雑さも異なる演奏を比較するのは困難であり、参加者全員が同じ課題曲を演奏するほうが審査は容易になる。全県代表が参加するバリ芸術祭のコンクールの課題曲は、題名が同じでも地域ごとに異なる独自のバリエーションが演奏されていて、多様性がある程度尊重されているが、ローカルなコンクールでは、特定の地域の楽曲や様式があらかじめ指定されていることも多い。また、どのコンクールでもほぼ同様に技術、曲の構成、創造性、プレゼンテーション・表現、楽器の音質などを評価項目としているが、これらは本来グンデル・ワヤンの演奏に要求される多様な能力や知識のごく一部にすぎない。

グンデル・ワヤンが演奏される伝統的な文脈は、コンクールよりも多様な要素が複雑に絡み合って成り立っている。例えば寺院の祭礼には儀式をおこなう僧侶、僧侶の手伝いをする人、供物を準備する人、ただそこに座っておしゃべりしている人など、多様な役割を担う人々が集まり、彼らの行動が互いに複雑に呼応し、連動しながら儀礼は進行している。グンデル・ワヤンのすぐ近くに宗教歌謡を歌う人々がいたり、別の編成のガムラン・グループが演奏していたりすることもよくあり、経験豊かな音楽家は、そうしたほかの音楽とときには重なり合いながら、全体がうまく調和するように自身の演奏のタイミングやサウンドを調節している。影絵人形芝居の伴奏者も同様に、人形の種類や場面展開を適切に把握してそれに合った曲を選び、即興的な人形の動きや台詞に合わせて演奏する。つまりこうした場で演奏者に求められるのは、十五分の持ち時間で用意してきた難曲を華麗に弾きこなすことではなく、場の状況を見定めてフレキシブルに対応し、その場にふさわしい演奏をすることであり、目立つことではなく、全体の一部として調和することである。そのために必要な豊富なレパートリーと技能は、コンクールが定める審査項目よりもはるかに多面的であり、長年の経験を通してはじめて習得できるものである。こうした能力を一回限りの短時間の演奏で測ることはほぼ不可能であり、そもそも子どもの演奏者にそれを求めるのは初めから無理である。

限られた時間内に演奏者の技能を評価し、勝敗を決めて「競技」を成立させるためには、儀礼や影絵芝居のような複雑なコンテクストから切り離して、演奏だけを集中して見るための「額縁」が必要である。「額縁」によって演奏を切り取り、限られた部分に集中することで、ようやく審査員は演奏を相互に比較できるようになり、それによってはじめてコンクールは成立する。

一方で、コンクールの結果はしばしば「額縁」を超え、人々の生活や人生に作用する。コンクールでの優勝は演奏者の音楽性や技能の証拠として、また共同体全体の誇りとして拡大解釈され、共有される。音楽を取り巻く様々な側面に長期的に作用することもある。

7　車輪が回る

コンクール当日、一組あたりの演奏時間は十五分から三十分と短い。しかし本番前には、ときには長期間にわたる練習と準備の過程があり、また本番終了後も、コンクールの結果が演者の活動や生活に影響を及ぼすこともある。

スカワティ村が優勝した二〇一三年の全県コンクールで三位になった、トゥンジュク村のイ・プトゥ・プルワンサ・ナガラ（ワワン）は、その後も県代表の指導者としてコンクールに関わってきた。一八年に全県コンクール参加者の年齢制限が従来の子ども（十七歳以下）から若者（十七歳から二十五歳）に変更され、ワワンは再び県代表の演奏者に抜擢されたが、このときのギアニャール県代表は一三年と同じスカワティ村のチームだった。五年ぶりに同じ相手と対戦することになったときの気持ちを、彼は次のように語った。

この五年間、僕はずっと、一位になれなかったコンクールを挽回したいと思ってきた（略）。今回僕には野心があった。今度こそギアニャールに、スカワティに立ち向かえますようにと祈っていた。(8)

入念な準備と特訓のかいあって、二〇一八年のコンクールではトゥンジュク村チームが優勝し、スカワティ村チームは二位になった。こうした体験——勝つための戦略や優勝がもたらす自信——は彼自身の演奏活動だけではなく、彼が指導者として関わる次世代の育成にも、少なからぬ影響を与えるだろう。実際に二三年のコンクールでは、ワワンが指導したトゥンジュク村の子どもチームが再び優勝を飾った。

歯車が歯車を動かすように、コンクールは次のコンクールに作用する。競技の経験が時がたったのちに想起されることもある。継続的にコンクールが実施されるようになったことで、ワワンのように観客、演奏者、指導者と複数の立場からコンクールを経験する人も出てきた。彼もいずれは審査員になったり、自身の子どもがコンクールに参加して、熱心にサポートする親になる日もくるかもしれない。コンクールの車輪が回り続けば、そこに巻き込まれる人は増え、コンクールへの関わり方もより深く、より多面的になっていく。コンクールの影響は参加者の周囲にも広がり、舞台上の演奏に刺激された年下の子どもたちがグンデル・ワヤンを学び始めることもあれば、チームを優勝に導いたブダやワワンのような指導者のもとに入門希望者が殺到することもある。この音楽を取り巻く社会的な環境を、リサ・ゴールドは「グンデル・ワヤンの生態系」と呼んだが、コンクールは演奏者だけでなくその生態系の全体に作用している(9)。教室の隆盛は音楽家たちに貴重な収入源をもたらし、ばちや楽器の品質にこだわる人が増えたことで、楽器産業にも影響を与えている。

グンデル・ワヤン・コンクールは新型コロナウイルス感染症拡大下でも、動画による開催に形態を変えて継続され、二〇二二年には対面のコンクールが再開した。人々のコンクール熱はこの原稿執筆時現在（二〇二三年）まだ続いている。多くの人が注力すればするほどコンクールは熱くなる。その熱がさらに人々をコンクールに駆り立て、音楽のあり方を変えていく。車輪は熱を発しながら回り続けている。

注

（1）皆川厚一「変容しつつ生きる伝統――バリ島の音楽集団」、櫻井哲男／水野信男編『諸民族の音楽を学ぶ人のために』所収、世界思想社、二〇〇五年、八六―九〇ページ

（2）インドネシアの芸能と文化政策に関してはDavid Harnish, ""Digging" and "Upgrading": Government Efforts to "Develop" Music and Dance in Lombok, Indonesia," *Asian Music*, 38(1), 2007. またバレガンジュールの競技会と演奏形態への影響についてはMichael B. Bakan, *Music of Death and New Creation: Experiences in the World of Balinese* Gamelan Beleganjur, University of Chicago Press, 1999をそれぞれ参照。

（3）Lisa Gold, "The *Gender Wayang* Repertoire in Theater and Ritual: A Study of Balinese Musical Meaning," University of California at Berkeley, 1998, p. 129.

（4）本章の記述の多くは、二〇〇六年から二三年までの期間に断続的に実施した現地調査、特に芸能関係者へのインタビューで得た知見に基づいている。

（5）青少年芸術週間で実施されたグンデル・ワヤン・コンクールについては下記の論文でより詳細に記述している。Ako Mashino, "Competition as a New Context for the Performance of Balinese, *Gender*

Wayang," *Yearbook for Traditional Music*, 41, 2009.

（6）Lisa McCormick, "Higher, Faster, Louder: Representations of the International Music Competition," *Cultural Sociology*, 3(1), 2009.

（7）コンクールでのジェスチュアや視覚的な身体表現については下記の論文で詳しく分析している。Ako Mashino, "The Body Visualising the Music: Seeing and Showing Body Movement in Balinese *Gender Wayang*," *The World of Music*, 9(1), 2020.

（8）注（4）に同じ。

（9）Lisa Gold, "Musical Knowledge, Innovation, and Transmission Within the Ecosystem of Balinese *Wayang* Performance." (https://asia-archive.si.edu/essays/article-gold/?fbclid=IwAR02jvGXtJFWiN5A3InWu8phVB1zb8H10cSbzeHI_DCzYCIXwB3Ib0F33e0)［二〇二三年五月八日アクセス］

［付記］本章はＪＳＰＳ科研費19K00151と23K00135の助成を受けたものである。また、現地調査でインタビューにご協力いただいた関係者各位に心からの謝意を表したい。

コラム　伝統音楽に人々を巻き込む仕組みとしてのコンペティション

アイルランド伝統音楽最大のコンペティション――フラー・キョール

水上えり子

イギリスの隣の小さな島国アイルランドには、夏になると、国内外から数多くのアイルランド伝統音楽の愛好家が集まる。毎年夏にはアイルランドの各地で様々な伝統音楽のフェスティバルが催されるからだ。なかでも最大のフェスティバルがフラー・キョール（Fleadh Cheoil）である。そして、このフラー・キョールのなかでも中心的なイベントとして位置づけられているのがコンペティションである。

二〇一九年八月、筆者はフラー・キョールに参加するためにアイルランド東部に位置するドロエダを訪れた。フラー・キョールの開催地は年によって違うが、この年はドロエダ開催。人口三万人あまりのこの小さな町に、国内外から七十五万人が集う。

イベント自体は八月十日から始まり、ドロエダの町のなかでライブや音楽セッションなどのイベントが、公式なものから非公式なものまで様々に開催される。そして十二日からスコール・エークシャ（Scoil Éigse）と呼ばれる音楽やダンスなどのワークショップが五日間開催され、本格的にフラー・キョールのお祭り週間の幕開けになる。多くの観客を動員して盛り上がるのが、十六日午後から十八日にかけて開催されるコンペティションだ。

筆者はスコール・エークシャに五日間参加したあと、十八日に開催されたイリアン・パイプス（Uilleann Pipes）（伝統音楽の演奏に用いられるアイルランド特有のバグパイプ）の十九歳以上の部のコンペティションに参加した。会場は、市街地から車で十分ほどのところにあるバリーマケニーカレッジの一室。部門によって会場は異なるが、筆者の部門は五十人程度の人が入る小講義室のようなところで開催された。そのなかに出場者やその関係者、伝統音楽の愛好家、司会者、審査員がいて、一人の演奏者の演奏に耳を傾ける。奏者のエントリーは全部で十三人。アイルランド国内外からエントリーがある。控室はなく、順番になったら司会者から名前を呼ばれて部屋の前方に移動する。

写真1　多くの人であふれかえるフラー・キョール・ナ・エーレン（ドロエダ、2019年）のメインストリート（筆者撮影）

　筆者は二番目だったが、一番の人が不在だったため最初に演奏することになった（不在だった演奏者は一巡したあとにもう一度呼ばれる。こ

写真2　フラー・キョール・ナ・エーレン（ドロエダ、2019年）のメインストリートでのセッションとダンス（筆者撮影）

れは作戦だったのだろうか……とあとになって思う）。この部門では、四カテゴリの曲を一人で演奏しなければならない。一曲演奏し終えるたびに、会場内から温かい拍手が送られる。

　アイルランドの伝統音楽は現在、セッションやライブ、ケーリーと呼ばれる社交的なダンスイベントを中心に、多様な形態で演奏の場を広げている。くつろいだ場で演奏を楽しむのが基本のこの音楽で、コンペティションのような評価されるために設けられたかしこまった場で演奏をするというのは、よくあることではない。それまで日本でのセッションやライブで五年以上、人前での演奏を経験してきた筆者だが、コンペティションは初めてだった。緊張のなか、なるべく周囲のものを視界に入れないようにしながら自分の音だけに集中し、「あと少し」と自分に言い聞かせながら一曲ずつ演奏をこなした。

　全員の演奏が終わると、審査の時間を数十分経て、結果が同室で発表される。その場で発表されるのは三位以内。筆者の名前は呼ばれなかった。入賞者とそのサポーターは声を上げて喜んでいる。間もなくしてその場はお開きになる。個人の審査表は後日希望者に送付され、そこにはそれぞれの曲の点数、コメントやアドバイスが記してある。

アイルランド伝統音楽でのフェスティバル形式のコンペティションは歴史が長く、その初めは十八世紀末のベルファスト・ハープ・フェスティバルまでさかのぼることができる。伝統音楽の衰退を打破するために、それ以降も様々なコンペティションが実施されてきた。フラー・キョールは一九五二年に開始されて以降、現在にいたるまで毎年おこなわれている。主催団体は、五一年に発足したアイルランド音楽家協会（Comhaltas Ceoltóirí Éireann）（コールタス・キョールトリ・エーレン。アイルランドではコールタスと呼ばれることが多い）である。アイルランド音楽家協会は、アイルランド伝統音楽の促進をおこなう最大の組織であり、フラー・キョールは伝統音楽に興味をもつ人たちに、村や街で音楽を弾いたり聴いたりする場所を提供するという目的で開始された。アイルランド語で「音楽の祭典」を意味するこのフラー・キョールは、それぞれの参加者にとって様々な価値をもちうる。なかでもコンペティションは、全年齢層の人があらゆる楽器やダンスの部門で参加できるということもあり、フラー・キョールのなかでも中心的なイベントとして位置づけられている。

前述した八月のフラー・キョールの正式名はフラー・キョール・ナ・エーレン（Fleadh Cheoil na hÉireann）で、オール・アイルランド・フラー（All-Ireland Fleadh）と呼ばれる。これに出場するためには、各国や各地域で四月から七月にかけておこなわれる予選を通過しなければならない。各国や各地域にあるアイルランド音楽家協会の支部が地域のフラーを開催する[1]。それぞれの地域のフラーでも、コンペティションだけでなくライブやコンサート、インフォーマルなセッション、ケーリー、講演会やワークショップなどの様々なイベントが同時に開催される。

コンペティションは、器楽、歌、作曲、ダンス、言語の五部門に大別される。そこから楽器や形式ごとに細分化され、さらに年齢ごとに細分化される。二〇一九年には全部で二百七部門でコンペティションが開催された。筆者が出場したイリアン・パイプスのコンペティションは器楽部門にあたる。器楽部門では特定の課題曲は指定されていない。曲のカテゴリの指定はあるが、「伝統音楽」という名のもとで演奏される曲を広く含んでいる。定められていることは演奏曲数と回数である。それぞれの制限は年齢部門によって異なる[2]。

コンペティションの審査は、ソロ、デュオ、トリオ部門は審査員が二人一組、バンド、グループ部門は審査員四人または五人でおこなわれることが基本になっている。審査員のためのセミナーが毎年開かれていて、そこでルールの確認や審査の練習がおこなわれる。演奏曲それぞれに点数がつけられ、各曲百点満点で、合計点と平均点が算出される。審査基準に関して詳細な記載はなく、ルールブックによれば、「全てのコンペティションは伝統的な性格をもち、アイルランド音楽家協会の性質に適合するものである[3]」とするにとどめている。評価項目は、部門によるが基本的には楽器の扱い（Command of Instrument）、テンポ・リズム・フレージング（Tempo, Rhythm&Phrasing）、音色・チューニング（Tone&Tuning）、スタイル・装飾

（Style&Ornamentation）の四項目になっているようだ。勝者にはトロフィーやメダルが授与され、賞金は出ない。しかし、勝つことは大きな名誉であると認識され、勝者にはオールアイルランドチャンピオンという称号が与えられる。

コンペティションをめぐる議論

一九五二年のフラー・キョール開始以降、多くの人が伝統音楽に巻き込まれていった。音楽の祭典であるフラー・キョールには、様々なバックグラウンドをもつ人が一つの場所に集まる。そこには伝統音楽の要素が詰め込めるだけ詰め込まれていて、まさにお祭りだと筆者は感じる。伝統音楽という文脈に持ち込まれたお祭りと競技性に対して賛否両論が生まれるのは想像にかたくない。八〇年前後から、アイルランド伝統音楽のコンペティションをめぐる議論が増加していった。これまでの議論を六つの観点に分けて紹介しよう。

①音楽の均質化・標準化

コンペティションが定着し多くの人に広まっていったことで、競技者がコンペティションで優勝できるような演奏を目指すようになった。このことによって個性や地域性を隠し、音楽が多様性を失って標準化していくことを危惧した。(4) また、大規模なコンペティションであるフラー・キョールによって、コールタス・スタイルが創出されつつあるという指摘もみられた。(5) さらに、有利な地域、不利な地域には一定のパターンがあるということを分析した研究もみられる。[6]

②審査の透明性

コンペティションでの審査の限界や、審査員がもつバイアスについてである。審査員の好みに合わせた選曲をすることで、毎年コンペティションを勝ち抜いている人がいるという指摘[7]や、コンペティションの標準には合わないが、美しく情熱的な演奏を審査で評価することができなかったという事例を紹介している研究もある。[8]

③ほかの伝統やコミュニティとのつながり

公式な理由で仲間たちと集まり一緒に演奏できるというイベント全体を、社交の場として評価する意見は多くみられる。また、大人たちが伝統音楽促進の取り組みに関わる場としても機能しているという肯定的な意見がある。[9]一方、競争心が高まれば高まるほど、演奏の技術的な面にばかり重点を置き、結果的にコミュニティやほかの伝統から乖離した音楽になってしまう、という指摘もみられる。[10]

④競技者の感情面

コンペティションで競技者は緊張状態にあり、自己表現を通して楽しむことができないという指摘である。ハウスダンスは誰かの家でおこなわれる社交ダンスの集まりで、コンペティションとは異なり、インフォーマルなハウスダンスでは個性を楽しく自由に表現することができたとしている。また、コンペティションで承認されるために競うことを通して、演奏者たちの社会的な緊張を生み出す可能性も指摘されている。(11)

⑤音楽家の成長・キャリア

特に目標が必要な子どもたちにとって、音楽に興味をもちつづけるための手段として、コンペティションはいい役割を果たしているという肯定的な意見がみられる。また、コンペティションで勝つこと、特にオールアイルランドチャンピオンになることは、アイルランド国内外での大きな名声であり、音楽キャリアを築いていくうえで大きな力になりうるという指摘がある。(12)一方で、コンペティションで優勝した者は海外にいって活動したり、レコーディングをしたりする傾向があり、彼らはもともと育った地域の伝統とは違う場所で活動をしているという指摘もみられる。(13)

⑥議論の場として機能するコンペティション

コンペティションという事象を通して生まれる様々な立場の人の考えやフィードバックが、音楽に関する意見を形作っているという考えもみられる。(14)コンペティションは公的に伝統や権威を形作る強力な役割をもっていると指摘する一方で、音楽のアイデンティティーを絶対的に決定しているわけではないとしている。また、コンペティションはアイルランド国内だけでなく、世界中のディアスポラや音楽コミュニティでの伝統音楽の役割についての議論を生む象徴的な役割を果たしているという考えもある(15)。

筆者が実施したインタビュー(16)でも様々な意見を聞くことができた。インタビューでは、フェスティバル形式のコンペティションはイベント全体として社交の場であるという評価や、コンペティションは練習のための動機付けにもなっているため、結果的に演奏のレベルのスタンダードを押し上げているという評価が聞かれた。

一方で、全員が否定的な意見も抱いていた。例えば、コンペティションによって生まれるのはたった一人の「勝者」とその他大勢の「敗者」であり、それは両者にとっていい影響を及ぼさないという声があった。また、子どもたちにとっても、周りの大人次第でコンペティションは悪影響になりうるという指摘もあった。コンペティションで勝つことだけを重視して練習をさせられた子どもが、コンペティションで優勝することはできたが、その後に参加したセッションで何も演奏することができず、そのまま楽器を弾くことをやめてしまったという話もあった。周りの大人の配慮次第では、音楽の社会的側面を無視した狭い焦点の当て方になってしまうのである。

なかでもインタビューで多く語られた議論が、審査に関することである。インフォーマントのうち四人が審査員としての経験をもつ人物だったが、一様に語ったのが審査員の能力についてだった。審査員のなかには、ふさわしくないとおぼしき人物も存在するということである。

例えば、曲に関する知識が不十分だったり、ミスの回数だけをカウントして評価したりする人物である。また、（一応）定められた基準や審査員セミナーがあるフラー・キョールのコンペティションでも、審査はきわめて主観的だという声が聞かれた。なかには、そのときに存在した審査の基準を変えて評価を下したという人物もいた。

インフォーマントの一人が、子どものころに出場したコンペティションで審査員に言われた言葉を紹介してくれた。筆者は、これをアイルランド伝統音楽のコンペティションの性質をよく表している言葉だと感じる。これをどう受け取るかは、競技者次第である。

これは、君が人間として優れているということを示すためのコンペティションではない。演奏者として優れているということを示すためのコンペティションでもない。ただ、私が好きなものを示すためのコンペティションなのだ。それは今日私が好きなものであって、昨日ではないし、きっと明日好きなものでもない。(17)

注

（1）アイルランドの各県で開催されるものは County Fleadh、その上位である地方大会は Province Fleadh と呼ばれる。イギリスでは各地域の Regional Fleadh が開催され、その上位にイギリス大会である All-Britain Fleadh が開催される。そのほかにもアメリカでは Mid-West Fleadh と Mid-

Atlantic Fleadh がおこなわれ、日本では Féile Tokyo がおこなわれるなど、各国で階層的に実施されている。

（2）Comhaltas Ceoltóirí Éireann, *Fialacha Fleadhanna Ceoil*, Comhaltas Ceoltóirí Éireann, 2020, pp. 9-12.

（3）*Ibid.*, p. 2から筆者訳。

（4）Tonny McMahon, *Irish Traditioanl Music: No. 41 of the Irish Environmental Library Series*, Folens, 1978, p. 13.

（5）Rachel C. Fleming, "Resisting Cultural Standardization: Comhaltas Ceoltoiri Eireann and the Revitalization of Traditional Music in Ireland," *Journal of Folklore Research*, 41(2/3), 2004, p. 227.

（6）Ibid., pp. 242-248, Daithí Kearney, "Regions, Regionality and Regionalization in Irish Traditional Music: The Role of Comhaltas Ceoltóirí Éireann," *Ethnomusicology Ireland*, 2/3, 2013, pp. 77-84.

（7）Fleming, op. cit., p. 245.

（8）Cathy Larson Sky, "A Lot of Notes but Little Music: Competition and the Changing Character of Performance," *New Hibernia Review / Iris Éireannach Nua*, 1(1), 1997, pp. 165-166.

（9）Fleming, op. cit., p. 242.

（10）Edwad O. Henry, "Institutions for the Promotion of Indigenous Music: The Case for Ireland's Comhaltas Ceoltoiri Eireann," *Ethnomusicology*, 33(1), 1989 や Sky, op. cit., p. 160, Fleming, op. cit., p. 247のそれぞれで議論されている。

（11）Fleming, op. cit., p. 244.

（12）Ibid., p. 246.

（13）Sky, op. cit., pp. 162-163.

（14）Henry, op. cit., pp. 91-94, Fleming, op. cit., pp. 250-251.

（15）Lauren Weintraub Stoebel, *Comhaltas Ceoltóirí Éireann* (*The Irish Musicians' Association*) *and the Politics of Musical Community in Irish Traditional Music*, City University of New York , 2015, pp. 192-241.

（16）このインタビューは、筆者が執筆したEriko Mizukami, "Irish Traditional Music Competitions in the Present Days: Focusing on Uilleann Pipes Competitions," MA thesis, University of Limerick, 2020のためにおこなったもので、二〇二〇年七月から八月にオンラインで一人四十分から六十分程度実施した。

（17）Mizukami, op. cit., Appendicies, p. 30から引用者訳。

第7章　海を渡って琉球古典芸能コンクールに参加すること
――ハワイの沖縄系人を事例に

澤田聖也

はじめに

沖縄の音楽ジャンルの一つに琉球古典芸能がある。それは、琉球王朝時代に首里城で披露されていた伝統芸能であり、現在までその伝統は継承されている。いまでこそ沖縄県内だけでなく日本本土や海外にまでその担い手が輩出されているが、終戦直後は第二次世界大戦での沖縄戦によって多くの芸能関係者が亡くなったことからその伝統の損失が危惧されていた。その継承を途絶えさせないために誕生したのが琉球古典芸能コンクールである。

第一回琉球古典芸能コンクールは一九六六年に琉球新報社主催で開催された。主催者側は、「今のままだと祖先が残してくれた貴重な沖縄の芸能文化が滅びるのではないか」「琉球古典音楽をさらに発展させるために琉球新報社が積極的に取り組み、支援してほしい」[1]という要望に応えて、沖縄戦の壊滅的な被害による琉球芸能の損失の危機感から、コンクール形式を採用することで琉球芸能の保存と発展を目指したのである。それと同時に、何百年と受け継がれてきた伝統を正しい形態で継承させるうえで、コンクールはより一層の期待を受けて開催された[2]。

コンクールは琉球古典舞踊と琉球古典音楽（三線、箏曲、太鼓、笛、胡弓）の二部門からなり、野村流と安冨祖流を対象におこなわれる（写真1）。新人賞→優秀賞→最高賞の部門別に分かれ、参加者は新人賞から順に最高賞の獲得を目指して練習に励み、もし不合格であれば、次年に再度その賞の獲得を目指す[3]。

そして、コンクール初期の参加者は、コンクールの趣旨を汲み取るかのようにこう述べている。

うれしいと同時に、責任も強く感じます。さらに修行に励んで、賞に恥じないだけのこと

写真1　「舞踊新人部門で開始　第52回琉球古典芸能コンクール」
（出典：「琉球新報」2017年8月1日〔https://ryukyushimpo.jp/news/entry-546196.html〕［2022年9月24日アクセス］）

をしていきたいと思う。(4)

第一回コンクールの最高部門に合格した時――コンクールのおかげで、地謡の技量や実演家としての心構えが養われた。(5)

十九歳のとき、コンクール新人賞を不合格になった。当時は芸能への向き合い方が中途半端で――。芸に対する思い、気持ちが変わり、三年後に再度受験し、合格した。(6)

コンクールの審査員や人間国宝に指定されている芸能関係者も、コンクールの意義として、「地謡の技量や実演家としての心構えが養われる」「他流派の先生と交流する貴重な機会が持てる」「芸に対する思いや、気持ちが変わる」(7)など、琉球古典芸能を伝承するうえでコンクールを重要な場として捉えている。

また、二〇二〇年に琉球芸能コンクールは、芸術文化振興による豊かな社会創造に貢献した団体を受賞する企業メセナ協議会から、「メセナアワード二〇二〇」で優秀賞を授与された。主催者側は、その評価のポイントとして「新進芸能家の登竜門として、長年にわたり沖縄の伝統芸能を守り、継承に貢献している。幅広い事業を通してさまざまな世代や地域をつなぎ、人々の誇りを創出している」(8)ことをあげ、琉球芸能コンクールを文化継承に欠かせない存在として高く評価している。二〇二二年に第五十六回を迎えたコンクールは、プロを目指す人々の登竜門として沖縄県外の参加者を抱えるまでになり、現在まで続いている。

筆者がここで注目しているのは、海外からの参加者である。その参加者の属性は多種多様だが、共通して「沖縄にルーツをもちながらも、海外で生まれ育った沖縄系の人々」が多い。筆者は、ハワイ大学に約一年半（二〇二一年九月七日から二三年二月二十八日）在籍し、その期間に琉球芸能古典コンクールに出場した人やこれから参加する若手の沖縄系人[9]と出会った。彼らにインタビューをしていくと、単にプロになることや文化の継承とは異なる、「海外で生まれ育った沖縄系だからこそ、生まれた強い動機」があってコンクールに参加していることがわかった。本章では、コンクールが沖縄系人に与える影響と、彼らがコンクールに参加する意義を論じたい。

1　ハワイの沖縄系人

ハワイの沖縄移民の歴史は、一九〇〇年に二十六人の沖縄移民がハワイに渡ったことから始まる。その数は二八年に一万六百九十三人[10]、八一年に約四万人まで増加し、現在では、その子孫たち（沖縄系二世、三世、四世、五世）を中心にした沖縄系コミュニティが形成されている。

琉球芸能に関していえば、一九〇六年にハワイで初の琉球古典音楽の研究所[11]・仲真音楽会が誕生したことをきっかけに、その後、彼の弟子や息子、そのほかの沖縄出身者によって次々に研究所が作られていった。現在でも、琉球芸能を継承しようと練習に励む沖縄系人が多くいる。

彼らは、いまでこそハワイのなかでも最大規模のエスニックグループとして認知され、ビジネス界でも成功を収めたり沖縄系の州知事まで選出されたりするなど、一目置かれる存在になっている。しかし、初期（戦前）の沖縄移民はそのような状況とは対極の境遇に置かれていた。

実は、日本人移民は沖縄移民よりも十五年早く（一八八五年）ハワイに移住し、遅れてやってきた沖縄移民を日本と異なる文化や言語をもつ「後進民族」として捉えていた。その背景には、日本政府の「沖縄の近代化」と「日本同化政策」があった。政府は、沖縄人を日本国民の一員にさせるため、琉球処分（一八七九年）と同時に沖縄人の意識改革を始めた。例えば、沖縄方言のかわりに共通語（日本語）を奨励し、もし沖縄方言を使用した場合には、首から方言札をかけられ、罰則があった。歴史社会学者の冨山一郎は、琉球処分によって、日本政府が「市民（良民）」＝「国民（臣民）」＝「日本人（大和人）」の癒着構図を設定して「沖縄人＝未開人、日本人＝文明人」の関係を作り出し、沖縄人に沖縄文化を捨てさせ日本文化を強制することで文明人になれることを促した、[12]と指摘している。

こうした状況はハワイも同じだった。一九〇七年二月七日付のハワイの日本人向けのローカル新聞「日布時事」は、沖縄三線を弾く人を「例のみすぼらしい蛇味線を弾いて、何だか分からない歌を謳っている」[13]と記していて、沖縄の新聞「琉球新報」も「彼等が他府県人の面前にて臆面もなくペラペラと沖縄語を舌弁りつつ手製の三味線を引立ててテーマートー等をやらかし居る所は未だに沖縄を知らざるものをして直ちに彼等が未開の国民たる思惟せしむる唯一の原因」[14]であると沖縄文化をあらわにしているハワイの沖縄一世を辛辣に批判している。

こうした差別や偏見は第二次世界大戦後に徐々に薄れていくが、ハワイの沖縄一世は、沖縄の日本本土復帰（一九七二年）の際の日本と沖縄の関係性について以下のように語る。

どれだけ私たちウチナーンチュが内地人を兄弟のように愛しても、彼らはそれを決して受け入れない。私たちは侮辱され、沖縄が内地の一部になることはない。アメリカの一部になるべきだ。それが経済的にもメンタル的にもいい――一部の内地人は沖縄がアメリカに支配され、侮辱を受けていると言う。しかし、内地の人々に支配されることは、より屈辱的なことである。(15)

こうしたハワイの「沖縄―日本」の差別化は、後述するネイティブハワイアンによる文化復興運動によって一層顕著になった。文化復興運動（ハワイアンルネサンス）は、一九六〇年代のアフリカ系アメリカ人による公民権運動に触発され、ネイティブハワイアンによって引き起こされた。この運動は、ハワイのマイノリティグループのエスニックアイデンティティーの覚醒をも促したのだった。(16)例えば、ハワイ大学音楽学部は、コースとして六〇年にエスノミュージコロジーを開設したことで、琉球芸能のクラスを正規課目として導入（一九六九年）し、また七〇年に開設されたエスニックスタディーズ学科では、ハワイの各民族の文化や歴史、社会を学ぶことができるようになった。マイケル・オミとハワード・ワイナントは、五〇年代、六〇年代を社会的・経済的に大転換した時期として「Great Transformation」と呼んだが、その時代は、沖縄を含む各民族のルーツの回復と再構築を強く促進させる時代だったといえるだろう。(17)

そして、こうした民族意識の高まりのなかで、琉球古典芸能コンクール（一九六六年）は開催された。コンクールは、沖縄系人が継承してきた芸能を、祖先が生まれ育った沖縄で披露する機会を与えたといえる。自文化意識が強く芽生えていた沖縄系人は、祖先の故郷に行き、コンクールで大御所の審査員の前で芸を披露して評価をもらうことで、ハワイとは異なる体験や感情を経験することになった。

2　ハワイでのコンクールの認識

コンクールの主催者側は、第一回から参加資格について「国籍を問わない[18]」と明言していたため、海外に住む沖縄系人も参加できた。そのため、コンクール開催直後からハワイの琉球芸能界でもコンクールに対する関心や認知度が高まり、帰米二世でハワイの琉球芸能の保存と発展に貢献した仲宗根盛松（Nakasone Harry Seisyou）の生徒がハワイ初のコンクール参加者になった[19]。ハワイのローカル新聞「Hawaii Pacific Press（ハワイパシフィックプレス）」一九八〇年七月四日付はコンクールについて次のように書いている。

琉球芸能の登竜門といわれている琉球芸能新報主催の琉球芸能コンクールに今年はハワイから六人が挑戦する――合格者には賞状を授与するもの。この三賞を獲得しないといくら実力があっても師範になれないと、いわれるだけに琉球芸能関係者にとってはさけて通れないコンクールである。[20]

コンクールは、琉球芸能の教師や師範になるための通過点や登竜門として認識され、一九七〇年代・八〇年代のハワイでは、沖縄系三世が合格を目指して沖縄に渡った。コンクールの文教局長の赤嶺義信は、こうした海外の沖縄系人の積極的な参加に対してコンクールの意義を次のように述べている。

最近、琉球芸能にたいし本土や海外の人たちもかなりの関心を寄せているが、こんどのコンクールでは国籍を問わないことも、沖縄特有の文化芸能を海外の人たちに普及させるよいチャンスでもある。[21]

彼が発言したとおり、コンクールは海外に琉球芸能を普及させる役割を見事に果たしていたといえる。その一人として、琉球古典安冨祖流音楽研究朝一会USAの会長で師範の村田グラント定彌（通称・サンダー）を紹介したい。村田はハワイで生まれ育った沖縄系四世であり、現在、ハワイで琉球芸能の師範として活躍している。彼は、一九八三年に沖縄からハワイに訪問していた安冨祖流の照喜名朝一に弟子入りした。その後、琉球芸能コンクールで賞を獲得し、のちに安冨祖流の教師・師範の免許を取得して野村流しかなかったハワイに琉球古典音楽安冨祖流絃聲会ハワイ支部を

写真2　レッスンの様子（筆者撮影）

発足させた（一九九七年）（写真2）。彼は、安冨祖流初の海外指導者としてオアフ島、マウイ島、カウアイ島、ハワイ島、ロサンゼルスを拠点に二百人あまりの弟子や孫弟子をもっている。[22] また、彼の指導者・歌三線奏者としての腕前や、継続してハワイから多くの弟子をコンクールの合格に導いてきた実績から、二〇一五年に沖縄県外初のコンクールの審査員も務めている。[23]

赤嶺が述べたように、コンクールは海外に琉球芸能を普及させる役割も担っていて、村田はまさにその第一人者になったといえるだろう。

3　ハワイの沖縄系人にとってのコンクール

一九九九年の琉球古典芸能コンクールでは、審査員側が海外の参加者に対して「今回は海外からの受験者と女性受験者のレベルの高さが際立った――海外からコンクールに臨んだ人たちは、県内の受験者と比較して、真剣さの度合いが違った。

来沖にかなりの費用を要することもあるのだろうが、「絶対に合格してみせる」という意気込みがにじみ、安心して聴いていられた[24]」と高く評価している。もちろん、コンクールに参加するための高額な費用と長時間のフライトは、海外参加者の「絶対に合格してみせる」という気持ちをより一層高めるだろう。ここでは、それに加え、彼らが実際にどのような思いや目的でコンクールに参加したのか、そして参加したことでどのような心境の変化があったのかを、コンクール肯定派と消極派に分けて捉えていく。

コンクール肯定派——Aさん、Bさん、Cさん、Dさん、Eさん

コンクールに参加した目的として多かったのは、「沖縄的アイデンティティーの構築」「祖先の文化を継承、祖先に感謝できる」「礼儀作法・エチケットを学べる」である。Aさんは、コンクールで賞を獲得したことで、自身を「ウチナーンチュ（沖縄人）」として受け入れられたと語っている。

私は沖縄の一部として感じたかった。たとえ私がハワイ出身で日本語を話せなかったとしても、私は沖縄人のパフォーマーとして見てもらいたかった。そして、それは賞をとることで受け入れられた。〔澤田「それはウチナーンチュであることの証し？」〕。そうですね。ほかの沖縄の人と同じように扱われたかった。私は本当に彼らの一部として受け入れてもらいたがっていた。「あの人はハワイから来た人だよ」と言われたくなかった。（四世[25]）

コンクールで受賞することは、自身がウチナーンチュであることの証明だった。コンクール参加者のBさんも、「沖縄の人たちと一緒に本場で踊って、大先生にも認められて、沖縄や海外からの参加者とも競えた。それで受かったらウチナーンチュとしての誇りにつながります」（Bさん、新一世[26]）と述べているように、大多数の出場者が沖縄出身者を占めるなかで、彼らと同じルールに沿ってコンクールに出場し、審査員の前で演奏して合格を勝ち取ることは「ウチナーンチュ」としての誇りやアイデンティティーを獲得することに寄与していた。

一方、Cさんも、AさんやBさんのように沖縄的アイデンティティーの確立を期待して参加した一人だったが、結果は別のものになった。

> コンクールに参加することは、自分のウチナーンチュとしてのアイデンティフィケーションになると思っていた。でもね、それはパフォーマーとしてのアイデンティティーだった。ウチナーンチュとしてのアイデンティティーとは別。でも自分はウチナーンチュだからこそ、ウチナーンチュとして沖縄音楽を継承しないといけないという義務がある。自分たちも含めて賞や免許がないと、逆に生徒が真剣に勉強しないと思う。だからこういうのをもっている先生じゃないと礼としていけない。それだけ自分たちは真剣にやってきているという証明になる。（三世[27]）

Cさんにとってコンクールの参加は、沖縄的アイデンティティーの構築とは結び付かなかったが、賞をもつということは、後続する若い世代に示しをつけるという点で重要だった。

Dさんも、Cさんと同様にコンクールで賞をとる重要性を指摘すると同時に、コンクールを通して伝統芸能を後世にまで残してきた「祖先への感謝」も強くもつようになった。

私は日本語もしゃべれない外国人です。日本の習慣も知りません。でも、とれました。だからとてもうれしかったです。〔澤田「参加して新人賞をとることの意味は何かありますか？」〕。それはとても私にとってとても重要なことでした。私は歌三線にとても熱心になれたし、また曾祖母にも感謝することができました。新人賞は私が沖縄に興味をもつファーストステップだったのです。私の両親に感謝、祖父母に感謝、先生に感謝。三世や四世が今日にいたるまで、沖縄の知識や文化、音楽を引き継いだからこそ、私のところまできている。感謝です。だから重要だったのです。（五世）(28)

ここで彼らに共通していることは、「日本語を話せなくても、沖縄に住んだことがなくても、実際の沖縄の習慣を知らなくても、賞を獲得した」という点である。沖縄出身者と比較した際に生まれる無意識の沖縄コンプレックスをもちながらも、コンクールを通してそれらを克服しようとしているのだ。沖縄にルーツをもつ海外参加者は、沖縄で生まれ育った沖縄出身者とどこか異なると実感しながらも、彼らと同じようにウチナーンチュであることや文化を継承することを望み、コンクールは、その強い思いをより促す役割をもっているといえる。

一方、将来的に沖縄の芸能関係者と良好な関係性を築くうえで、コンクールに出場することが大いに重要だという意見もあった。コンクールの二週間前になると、同じ流派同士の参加者で合同練習をおこなうことがある。琉球芸能舞踊の師範のEさんは、その合同レッスンを、ハワイの沖縄系人が沖縄出身の参加者と一緒に稽古し、ハワイで学ぶことができない琉球芸能界のしきたりやルール、独特な人間関係を体験できる重要な場であると捉えている。

二週間は合同稽古があっていろんな支部が集まります。毎日どっかで練習するんですよ。一人ずつ踊るんですけど、サポートが必要。そのときに音楽当番とか、そういうのも学ばないといけない。先輩や後輩としての立場がありますし、「仲間とみんなでやる」っていうのも学ぶのが大事。本番もそれぞれ役割がありますからね。リハーサルとか練習とかみんなでチームにならないといけない、「ユイマール」、それで家族になる。みんなで助け合うっていう輪を作る。特に挨拶は大事。誰でも入ってきたら「こんにちは」「おはようございます」。必ずね、ちゃんとお辞儀して入ってくるようにとか。みんなの道場だから、掃除して。一礼して。(新一世)[29]

Eさんは、自身の生徒がコンクール期間を通して、日本社会では周知だがハワイ社会ではほとんど浸透していない先輩―後輩や教師―生徒などの独特の関係性や芸能界独自のしきたりを体験し学ぶことで、将来的に沖縄の芸能関係者と良好な関係を築くことを期待している。こうした年齢やステータスを軸にした縦社会は、沖縄系人にとって独特な文化として映るのである。

ハワイでは、たとえ年齢やステータスが上の相手だとしても、その関係性はすべて友人に置き換わるため、先輩―後輩、教師―生徒の役割はほとんど存在しない。そのため、Eさん（新一世）は生徒に「練習のときには先輩が前で、後輩が後ろですよ。後輩が音楽をかけるんですよ、先輩がリーダーとして声かけして、後輩がお願いしますって言うんですよ、って教えているのですが、やっぱりここ（ハワイ）でそれを教えることは難しいんですよね。うまくいかないです」と、その上下関係をハワイで教える難しさを語っている。確かに、いくら卓越したパフォーマンス力をもつ者であっても、最低限の礼儀作法や上下関係を理解していなければ、芸能者として生きるのは困難であり、それが芸能者としてのキャリアを左右することもしばしばある。それを学べる場としてコンクールは重要なのである。

コンクール消極派――Fさん、Gさん、Hさん

先に述べた参加者たちは、積極的にコンクールに関与することで、コンクールに何かしらの意味を見いだしてきたが、一方で、コンクールに対して消極的な沖縄系人もいる。

一つは、コンクールの基準と各研究所のスタイルの違いにある。コンクールの参加者は、ある一定の基準に沿って芸を披露しなければならない。例えば、コンクールでは、A流のスタイルに沿って芸を披露することが一つの基準になっているが、某研究所は、コンクールが提示するA流のスタイルとは異なるため、自分たちのスタイルを変えてまでコンクールに出場することは極力しない。琉球舞踊の教師Fさん（三世）は、「スタイルが全然違います。コンクールの動きと私たちの動きでは基本原理が違うのです。私たちは、先生から受け継いだ踊りを変えずに伝えていく義務があり

ます[30]」と話し、生徒にも積極的にコンクールに参加することを勧めないという。

また、別の研究所の教師Gさん（四世）は、「私が一九八〇年代に受験したときは、異なる流派の踊り手がたくさん見られて楽しかった。A流に合わせなくても、基本がしっかりできて、きれいに踊れていれば合格できた。でも、いまはA流に合わせないと合格できない[31]」と述べている。コンクールの基準化がいつ始まったかわからないが、それは、出場者の多様性を失わせ、コンクールの規定に準じる流派の参加を促すようになった。

また、指導がコンクールの曲だけに絞られてしまう点も問題としてあげられていた。多くの研究所は、コンクールの数カ月前になると生徒にその試験曲（一、二曲）だけを練習させるため、新曲の指導にほとんど時間を割かなくなる。そのため、「たとえ、コンクールの一曲だけ完璧に披露できたとしても、芸能の世界ではより多くの曲が求められる。コンクール特訓で幅広い曲を学べなくなることはあまりしたくない[32]」（Hさん、新二世）という理由から、一部の研究所は、生徒に積極的にコンクールに参加することを勧めていない。

ただ、筆者がインタビューした際に、コンクールの肯定派と消極派どちらにも共通していた点は、「コンクールの受賞だけが芸能者としての優劣を左右するものでない」ということである。あくまでも、コンクールは通過点にすぎず、最高賞や教師免許が必ずしも優れたパフォーマーを意味するのではない。特に、ハワイでの参加者は、自身の実力を試すことだけでなく、沖縄のアイデンティティーや文化の継承、祖先への感謝を大きな目的として参加しているように思える。二〇一八年の海外参加者の一人は、「祖父は『ウチナーンチュの心を持っていることに自信を持て』と言っていた。コンクール受験はウチナーンチュの心への理解を深める良い機会になった[33]」と述べているように、海外参加者は、沖縄出身者とは異なる心情や目的で参加しているといえるだろう。

4　コロナ禍でのコンクール

二〇一九年末に拡大した新型コロナウイルス感染症は、人々の移動を極端に制限し、いまなおその影響は続いている。日本政府は外国人の渡航を厳しく制限したため、二二年十月に入国制限を大幅に緩和するまで個人の観光目的としての来日を禁止していた。つまり、それは海外参加者がコンクールに参加できないことを意味していた。

先に述べた安富祖流の村田は、その対策措置としてオンラインによるコンクール開催を主催者側に提案し、二〇二一年にザ・ファーストバーチャルコンクールが実施されることになった。これを機に、タイやオーストラリア、アメリカ本土からも参加希望が続出し、安富祖流と野村流の海外参加者は、オンラインでコンクールに参加できるようになった[34]。ハワイ沖縄連合会[35]は、十分に整ったインターネットの環境と演奏場所をコンクール参加者に提供し、二一年と二二年のバーチャルコンクールを成功させた（写真3）。

しかし、一部の芸能関係者は、本場の沖縄にいってコンクールを受けることに意味がある、とバーチャルコンクールに否定的だった。確かに、バーチャルコンクールは、コンクールのための渡航

写真3　バーチャルコンクール（筆者撮影）

費や滞在費、食費などの莫大な費用を大幅に抑えることができ、長期休暇をとることが難しい社会人にとって時間の面でも都合がいい。ただ、先に述べた「アイデンティティーの構築」「祖先への感謝」「沖縄の芸能界を知ること」などは、画面上のコンクールを通して実感できるのだろうか。

ハワイの沖縄系人は、コンクールのために猛特訓し、沖縄にいくための莫大な費用と時間を費やすからこそ、より一層、沖縄や祖先とのつながりを強くもつのである。そのため、一部の指導者は、生徒が祖先の生まれ故郷で芸を披露することで、彼らが何かしらの意味を見いだすことに期待している。

おわりに

琉球古典芸能コンクールは、沖縄戦による壊滅的な被害を受けたことから琉球芸能を保存・発展させる目的をもって誕生し、参加者に琉球芸能を担う者としての意識を強くもたせようとしていた。

ハワイの沖縄系人は、こうした芸能者としての使命や責任感に加え、「沖縄的アイデンティティーの構築」や「文化の継承」「祖先に感謝」する場としてもコンクールを重視している。また、コンクール期間中には沖縄出身の参加者と交流することで沖縄独自のしきたりや人間関係を把握し、将来的に沖縄の芸能者と良好な関係性を構築するノウハウを学ぶことができる。沖縄系人にとっては、「アメリカ的な思考」を有しながら「沖縄的な思考」を学ぶことが、琉球芸能の教師や師範になった際の沖縄の関係者たちとの良好な関係性につながる。

ただ、コンクールに参加することは、長期間、課題曲だけの練習をすることになると同時に、コンクールのスタイルに沿った練習を求められることから、一部の教師陣はコンクールに自身の生徒を送り出すことに消極的である。琉球芸能には各流派のスタイルがあるため、むしろコンクールのスタイルに合わせることは自分たちのスタイルを多少崩すことになる。したがって、参加か不参加かはコンクールと各研究所の相性に左右される。

沖縄や日本本土に住んでいる参加者は距離的にも金銭的にも容易にコンクールに出場できるが、ハワイからの参加者は、多額の費用をかけて日本本土の空港を経由して沖縄に渡り、そこで滞在費や食費なども支払い、コンクールに挑む。彼らの一年に一回のコンクールにかける思いはそうした意味でも非常に強く、沖縄の芸能関係者も海外参加者を非常に高く評価している。

現在、ハワイの沖縄系人は五世や六世の時代に入りつつある。コンクール開催の初期に参加していた三世や四世と現在の若い世代とでは、沖縄や芸能に対する捉え方や価値観は変わっている。今後も、若い世代がコンクールとどのような関係性を築き上げていくのかを捉えていきたい。

注

（1）琉球新報社事業局編『伝統の継承――琉球古典芸能コンクール30年』琉球新報社、一九九六年、二三ページ

（2）歴史的に琉球古典芸能は、「動」よりも「静」に重きを置いてきた。しかし、最近の若者の傾向は、「静」よりも「動」に重きを置くようになっている。その伝統的な歴史観に沿って「琉球芸能を後世に正しく伝えること」「沖縄の古来の人々の意思を継ぐ」うえで、コンクールは重要な役割を果たしている。「古典芸能コンクールの意義」「琉球新報」一九六六年九月二十六日付

（3）第五十六回琉球古典芸能コンクールの課題曲は、新人賞「伊野波節」「稲まづん節」から一曲選択、優秀賞「作田節」「子持節」か「首里節」「干瀬節」から一組抽選、最高賞「十七八節」「述懐節」か「昔蝶節」「仲風節」から一組抽選、である。

（4）「新人賞受賞者大いに語る」「琉球新報」一九六八年九月八日付

（5）「琉球古典芸能コンクール・芸能祭メセナアワード２０２０優秀賞受賞記念特集」「琉球新報」二〇二〇年十一月二十一日付

（6）同紙

（7）同紙

（8）「メセナアワード２０２０」「企業メセナ協議会」（https://www.mecenat.or.jp/ja/mecenat_awards/awards_archive/awards2020）［二〇二二年九月二十七日アクセス］

（9）本章では、「沖縄系人」を沖縄にルーツをもつがハワイで生まれ育った人々、「沖縄一世」を第二次世界大戦前にハワイに渡った沖縄出身者とし、沖縄（系）人はその両者を示す。

(10) 石川友紀「ハワイにおける初期沖縄県移民一世の歴史地理学的考察」、広島史学研究会編「史学研究」第百三十六号、広島史学研究会、一九七七年

(11) 沖縄では、琉球芸能のレッスン教室を研究所と呼ぶ。

(12) 冨山一郎『近代日本社会と「沖縄人」――「日本人」になるということ』日本経済評論社、一九九〇年

(13)「蛇皮線を弾いて歌う」「日布時事」一九〇七年二月七日付

(14)「沖縄移民の状態」「琉球新報」一九〇六年三月一日付

(15) Ethnic Studies Oral History Project, *Uchinanchu: A History of Okinawans in Hawaii*, University of Hawaii, 1984, Pr; Reprint. pp. 39-40.

(16) Ueunten, Wesley Iwao, *The Okinawan Revival in Hawai'i: Contextualizing Culture and Identity Over Diasporic Time and Space*, University of California, Berkeley, 2007 ,p.107.

(17) *Ibid*., p. 107.

(18)「古典芸能の継承と普及へ」「琉球新報」一九六六年九月二日付

(19) "Featured Story – RYŪKYŪ SHINPŌ'S CLASSICAL RYUKYUAN KONKŪRU." (https://www.thehawaiiherald.com/2021/08/20/featured-story-ryukyu-shinpos-classical-ryukyuan-konkuru/)［二〇二二年九月二十七日アクセス］。仲宗根盛松は、一九六三年に野村流音楽協会から琉楽最高賞を授与され、六六年から二〇〇二年まで、ハワイ大学の「オキナワンアンサンブルクラス」の講師を担当した。その後、弟子で沖縄系三世のノーマン・カネシロがそのクラスを引き継ぎ、彼も琉球古典芸能コンクールに出場して賞を獲得している。

(20) Hawaii Pacific Press,「芸能コンクールにハワイから六人が挑戦」Hawaii Pacific Press, July. 4,

1980.

(21) 前掲『伝統の継承』三四ページ

(22)「ハワイ村田グラントさん 感謝の初独演会 安富祖流朝一会USA会長 親、師匠に思い込め」「琉球新報」二〇一八年十二月十日付

(23)「〈ハワイ沖縄姉妹都市30年〉歌三線で懸け橋に 村田グラント定彌さん 芸コン海外から初の審査員」「琉球新報」二〇一五年七月十五日付

(24)「第三四回琉球古典芸能コンクール」「琉球新報」一九九九年八月十二日付

(25) 筆者による対面のインタビュー、二〇二二年八月十七日

(26) 筆者による対面のインタビュー、二〇二二年七月二十五日

(27) 筆者による対面のインタビュー、二〇二二年七月十四日

(28) 筆者によるZoomのインタビュー、二〇二二年七月三十一日

(29) 筆者による対面のインタビュー、二〇二二年七月二十五日

(30) 筆者による対面のインタビュー、二〇二三年二月六日

(31) 筆者による対面のインタビュー、二〇二三年二月二十二日

(32) 筆者による対面のインタビュー、二〇二二年四月十四日

(33)「安富祖流、ハワイ県系躍進 新人・優秀に計9人合格」「琉球新報」二〇一八年八月三十一日付

(34) "What is Konkūru." (https://dev.huoa.org/wp-content/uploads/2022/02/UCHI2021nov-dec.pdf)［二〇二二年九月二十七日アクセス］

(35) 一九五一年に発足された沖縄(系)人同士による相互扶助の組織。

第８章　学校とコンクール

——競い合いのなかで何を学ぶのか

小塩さとみ

はじめに

音楽の演奏を通して他者と競うコンクールのなかで、多くの人が経験するのは、校内合唱コンクールや部活動のコンクールなど学校と関わるものだろう。地域による違いはあるが、前者は中学校でおこなわれることが多く、学校行事として生徒全員が参加してほかのクラスと競う。また、合唱部や吹奏楽部などに入部すれば、コンクール出場のための練習が部活動のなかで大きな割合を占める。小学校から合唱や金管バンドなどで積極的にコンクールに出場するところもある。

学校と関連したコンクールの話題でしばしば問題視されるのは、「勝利至上主義」と、そのために起きる部活動の過熱化である。しかし、すべての学校が、マスメディアを通して紹介されるように、「勝利」を目指してコンクールに参加しているわけではないはずだ。コンクールでの勝利の最終目標は全国大会での金賞で、これは高校球児にとっての甲子園優勝のようなものである。この目標に向かって練習を重ねる学校もあれば、甲子園は憧れの存在で現実的には地区予選での一勝を目標にしている学校もあるだろう。野球は必ず勝ち負けを伴うが、音楽演奏は本来勝負事ではない。常勝校ではない「普通の参加校」にとって、コンクール参加はどのような意味があるのだろうか。

コンクールと関わる音楽系部活動は合唱や吹奏楽だけではない。軽音楽部や箏曲部、民俗芸能部なども、全国高等学校総合文化祭への参加枠を競って、県レベルで演奏や演技を審査され競い合う場が設定されている。[1] 学校での音楽活動の多くがコンクールとの関わりのなかでおこなわれるのはなぜなのだろう。筆者は部活動でコンクールに出場した経験をもたないが、勤務する教員養成大学の学生たちから中学校や高校時代のコンクールの思い出を聞く機会は多い。彼らの話や教員としてクラブ活動に関わっている先生たちへのインタビュー調査で聞き取ったことを中心に、この問いについて考えたい。

1 コンクールの仕組み

まずは、コンクールの仕組みについて吹奏楽を例に確認しよう。吹奏楽部にとって重要なコンクールは、全日本吹奏楽連盟と朝日新聞社が主催する全日本吹奏楽コンクールである。[2] 二〇二二年に

第七十回を迎えた歴史ある大会で、中学校の部、高等学校の部、大学の部、職場・一般の部の四部門で構成されている。このコンクールが全国大会と呼ばれ、地区予選や県大会、支部大会[3]を勝ち抜いた学校だけが出場できる。おおむね夏に予選が始まり、全国大会は十月か十一月に開催される。出場校には、審査員が入れた得点合計に応じて金賞・銀賞・銅賞のいずれかが贈られ、予選では金賞受賞校のうち高得点を獲得した規定数の学校が上位大会に進む。全国大会も含めて参加校の順位は決めずに、演奏の優秀度合いによって参加校を三つにグルーピングして表彰する方式である。

全日本吹奏楽連盟主催のコンクールには、ほかにも十一月に全国大会が開催される全日本マーチングコンテストと全日本小学生バンドフェスティバル、三月に全国大会が開催される全日本アンサンブルコンテストがある。[4]これも勝ち抜き方式で、授賞方法も吹奏楽コンクールと基本的に同じである。

興味深いのは、コンクール主催組織のネットワークである。全国大会への出場校を決めるための予選会ごとにそれを主催する吹奏楽連盟が組織されている。基本になる組織単位は府県レベルの吹奏楽連盟[5]で、その府県の小学校、中学校、高等学校、大学、職場・一般の加盟団体で構成される。コンクールに参加できるのは加盟校だけである。県大会の前に地域予選を開催する府県では、下部組織として地区レベルの吹奏楽連盟が別途組織されて府県レベルの連盟に所属する。全日本吹奏楽連盟の正会員は府県レベルの吹奏楽連盟の代表者[6]である。

連盟の加盟団体の大多数は吹奏楽部をもつ中学校と高校であり、顧問教員が連盟の運営に携わる。部活動の練習成果を発表する場を作り出すために教員が自主的に作り上げてきた運営組織が、日本の吹奏楽の普及を支えてきたといえる。吹奏楽の場合には、府県大会までは編成の人数によって小編成と大編成の二つに部門を分けているところが多い。これは部員数が少ない学校への配慮である。また演奏者個人の技量向上のために、府県レベルで独自にソロコンテストを開催している県もある。府県レベルの吹奏楽連盟は、地域に根差した音楽活動を推進する役割を担ってきたことがわかる。

合唱の場合、全日本合唱連盟と朝日新聞社が主催する全日本合唱コンクールが前記と類似の組織制度で運営されている。(7) これに加えて合唱のコンクールにはＮＨＫ全国学校音楽コンクールがある。(8) Ｎコンという略称（愛称）を使って、テレビを通して課題曲が宣伝され、またコンクールの入賞校の演奏などが放送されるため、コンクールとしての認知度はＮコンのほうが高いといえるだろう。さらに、少人数（十六人以下）による声楽アンサンブルコンテストも十五年ほど前からおこなわれている。(9) このコンテストが作られたことで、吹奏楽と同様に合唱でも、夏はコンクールを目指して練習し、コンクールが終わると三年生が部活動を引退し、一、二年生が「アンコン」を目指して練習するという季節ごとの演奏目標が提供されるようになった。

2　コンクールはなぜ定着したのか

吹奏楽部や合唱部の多くは、コンクール出場が活動の中心になっている。なぜ、それほどまでにコンクールが大きな地位を占めるようになったのだろう。様々な理由が絡み合っていると思われるが、ここではインタビュー結果[10]に基づいて、学校とコンクールの親和性、「晴れ舞台」の提供、「学びの場」としてのコンクールという三つの要因を指摘する。

学校とコンクールの親和性

コンクールは日々の練習成果の発表を審査員が評価するシステムである。これは試験や通知表など学校の学習促進法と類似している。「試験があるから勉強する」「試験でいい点をとることで学習成果を確認する」という態度は、学校教育のなかで私たちが身に付けていくものである。英検（実用英語技能検定）やＴＯＥＩＣ、漢検（日本漢字能力検定）など、学校以外でも「試験のための勉強」を学習の動機付けとする機会は多い。勉強した成果が、試験の点数や通知表の評定、「＊＊検定一級合格」のようにわかりやすい形態で確認できるため、次の勉強の目標も設定しやすい。テスト対策用の参考書なども用意され、試験で高得点をとることに特化した学習は、ある意味で効率的である。「試験のための勉強は、本当の意味での勉強ではない」という考え方もあるだろうが、学校での学習の大半は試験によって測られているともいえる。これは、コンクールで競うための演奏は「本当の意味での音楽ではない」という言説にも重なる。

英検や漢検と同様の制度は、音楽に関しても存在する。ヤマハやカワイなどは音楽教室と連動させる形態でグレード試験を実施している。また、コンクール形式をとりながらも、学習の進度に合わせた部門を設定し、音楽を競い合うことを学習促進と連動させているピティナ・ピアノコンペティション[11]、津軽三味線世界大会[12]、琉球古典芸能コンクール[13]などの例もある。

中学校や高校での音楽活動は三年間限定である。吹奏楽部の場合には一年生で初めて担当楽器に出合う人も多く、演奏技術の習得には多大な労力が必要である。夏に吹奏楽コンクール、冬にアンサンブルコンテストがあることは、初心者にとって演奏技術を急いで習得する強いモチベーションになる。吹奏楽や合唱のコンクールは、個人の演奏技量を競うものではないが、合奏で優れた演奏をおこなうためには、合奏に参加する一人ひとりの演奏技量の向上が不可欠である。テストと同じようなイメージで、「本番」に向けて準備ができるコンクールは、生徒にとって「頑張ろう」という気持ちを喚起させる。また、学年が上がると合奏や表現にも目配りするなど新しい目標が設定できる。インタビューした先生たちからは「演奏会も設定した目標に向かって努力するという点では同じだが、コンクールのほうが生徒は頑張る」という声が多く聞かれた。

勝ち抜き方式のコンクールは、地区予選での金賞や銀賞、上位大会進出など学校（クラブ）の状況に応じて目標が設定できる。コンクールは音楽活動の目標設定に好都合な制度なのである。

「晴れ舞台」の提供

音楽の演奏にとって発表の場は重要である。音楽演奏の楽しみ方には様々な形態があるが、本番に向けて練習を重ね、本番の聴き手がいる独特の緊張感や高揚感のなかで演奏することは、アマチュアにとっても大きな魅力である。

地区予選のときからコンクールは市民会館などのホールでおこなわれる。客席には、音楽に詳しい審査員に加えて保護者や関係者など多くの聴き手がいる。本番の機会は、定期演奏会や地域の催

写真1　コンクールは晴れ舞台の演奏（2023年度宮城県大会、写真提供：宮城県吹奏楽連盟）

しへの参加などほかにもあるが、これらは「観客を楽しませる」ことに主眼が置かれることも多く、真剣な演奏が前提になるコンクールとはこの点で大きく性格を異にする。毎年確実に開催され、「本格的な雰囲気」をもつ本番の機会が提供される点で、コンクールは日々の練習成果を発表する「晴れ舞台」として機能する（写真1）。

予選を勝ち抜けば、さらに大きな「晴れ舞台」に立つことができる。夏の吹奏楽コンクールと冬のアンサンブルコンテストは定番の行事で、それを核にしてほかの活動を決めている学校も多い。公立学校であれば、教員には何年かに一度異動がある。多くの学校でコンクールが活動の基盤になっていれば、異動先でも大きな混乱なく部活動を指導することができる。

同じ地域の参加校の演奏を聴く機会を提供するのも、コンクールの重要な役割である。「中

五橋又もや日本一か
今度は作曲コンクール
三年生大泉君

先に全国ラジオ唱歌コンクールで日本一の栄冠を獲ち得、まだほとぼりもさめやらぬ今日再び今度は作曲コンクールで、三年三組の大泉君が晴れて最優秀の折紙をつけられた、もと〳〵音楽は音色の良し悪しの問題よりも質に裏づけとなるものはやはり日々の全般の音楽活動であると宮城県音楽教育研究所、NHK共催、河北新報後援でこのコンクールが行われたもの

たつたそれ丈ですよ、これから自信もついたのでやつてみる積りです。」

将来の抱負は？と問えば「まあ八分まで音楽で身をたてたい気持ちはあります。」と語つた。尚同君の机の側にはショパン、月光の曲、ソナタ、等沢山の本があり同君はモーツアルトのトルコマーチ、ソナチネ、等大分名曲をこなせるという。

大泉勉君

作曲コンクールの様子を伝える当時の記事
(昭和25年　五橋新聞より)

写真2　コンクールの成績は昔から本人だけでなく学校の栄誉でもある
（出典：仙台市立五橋中学校創立百周年記念事業実行委員会『五橋魂（仙台市立五橋中学校創立百周年記念誌）』私家版、2010年、74ページ）

一のとき、練習を重ねて自分たちは上手になったと思って参加したコンクールで、上位入賞校の演奏を聴き、自分たちよりも格段にすごい演奏に衝撃を受けた。翌年は、その中学校に少しでも近づけるような演奏をすることが目標になった」と語ったのは、吹奏楽部への入部をきっかけに音楽に熱中し、その後大学で音楽を専門に学んだ中学校の音楽の先生である。中・高時代には吹奏楽部員だったが、教師になって合唱部を指導することになった先生は「一年目の夏のコンクールで常勝校の演奏を聴いたときに、中学生とは思えない素晴らしい声の響きに心底驚いた。スーパー中学生だと思った」と語った。コンクールで優れた演奏を聴き、自分たちの次の目標設定の参考にしたり、自分たちの演奏を他校と比較して客観視できたりするのも、校種別に開催されるコンクールに参加する意義の一つである。

コンクールの地方予選は、地域で共有する「晴れ舞台」である。「晴れ舞台」の高揚感は、演奏を聴きにきた保護者や学校関係者にとっても作用する。日々の練習を乗り越えて晴れ舞台で演奏するわが子や勤務校の生徒の姿を見ることに大きな喜びを感じると同時に、その地域でどこの学校が「強い」のかを、実際の演奏と授賞結果から知る機会にもなる。また上位大会への進出は、地域のなかで秀でた学校であることの証しであり、上位入賞は学校にとっての栄誉になる。山車の装飾や運行スピードなどを町内会ごとに競い合う祭りでは、競い合うことで祭りが盛り上がり、町内の団結が示される。コンクールも、これと同じような性格をもつといえるだろう。

出場した生徒にとっては、コンクール入賞で自分たちの努力が認められたことに加え、それが学校の栄誉になることが特別な感慨を与える（写真2）。「自分の中学校は吹奏楽部が強く、吹奏楽部員は「ちょっと特別」という感じがあった。校長室の前に大会の賞状やトロフィーがずらっと並んでいるのを見ては誇らしく思っていた」と中学時代の気持ちを語った先生もいた。この気持ちは「学校のために頑張る」「過去に優れた成績を残した先輩たちに負けない」という責任感や使命感を作り出し、練習を頑張るための動機になる。ただし、これが過度に作用すると、音楽の楽しさを忘れて「勝負に没頭」してしまうことにもなりかねない。

「学びの場」としてのコンクール

学習指導要領(14)によれば、学校の部活動は「スポーツや文化及び科学等に親しませ、学習意欲の向上や責任感、連帯感の涵養等に資するもの」であり、「放課後等に生徒の自主的、実践的な活動として行われる」。自主的な活動ではあるが「学校教育の一環として、教育課程(15)との関連が図られるよう留意すること」も求めていて、部活動が広い意味での「学びの場」として設定されていることがわかる。実際、吹奏楽部や合唱部であれ、軽音楽や箏曲部などであれ、中学校や高校の音楽系部活動は音楽文化に深く親しむ機会を提供している。

先生たちへのインタビューでは、コンクール出場に向けての練習のなかで生徒が何を学ぶのかに関する発言を多数聞くことができた。学びの対象は幅広い。「一つの音楽作品に対してじっくりと取り組むこと」「音楽の耳を育てる」「練習したうえで得られる音楽の深い楽しさを知る」「自分では普段聞かない曲に取り組み、練習の過程で少しずつその音楽のよさを見つけていく」などの音楽的な学びについてだけでなく、「音楽外の学び」についての発言も多かった。「コツコツと一つのことに打ち込む体験」「挨拶ができること」「遅刻をせずに練習に参加すること」「自分たちの活動に協力・応援してくれる人への感謝の気持ちをもつこと」など、人間的成長や社会生活での重要事項があげられた。

「音楽外の学び」に関する発言には、学習指導要領に記載されている「連帯感の涵養」と関連する人間関係に関するものも多かった。集団のなかでの振る舞い方、先輩との関係の作り方、後輩への指導の仕方、意見が異なるほかの部員と意見調整をする方法、部活動の運営などである。顧問の教員や演奏指導員などとの関係を築くことも、また学びのなかに含まれるだろう。コンクールに向けた長期間の練習のなかで、人間関係を円滑に保つことは容易ではない。大学生の体験談でも、先生たちのインタビューでも頻繁に聞かれたのは、「コンクールでの入賞を目指して頑張りたい人たちと、コンクールでの成績よりも楽しく演奏することを選びたい人たちの間での諍い」だった。部長などの役職に就けば、部員間や指導者と部員間の意見調整などもおこなわなければならない。「集団のトラブルは必ず起きるが、人間関係の難しさを体験することも部活動の大事な役割だと思う」と語った先生、「三年間で生徒が成長していく姿を見られることが、部活動指導の楽しいところ」と話した先生もいた。自分たちの好きな活動だからこそ、多くのことが学べるのである。

ただし、集団のなかでの振る舞い方を学ぶことが、「いかに自分を押し殺すか」という抑圧的な学びになることもある。コンクールは練習や学習の成果を測る場という点では試験と類似するが、個人の演奏能力ではなく「集団としての総合的演奏力」が審査される点は試験と異なる。「過度の勝利主義」として批判される部活動の負の側面は、個人を尊重せず、勝利のために指導者が強力に集団主義を推し進める点である。そのような事例も多く耳にするが、それがすべてではない。インタビュー対象者の語りからは、生徒たちを「集団」としてみるのではなく、一人ひとりに目を向け、集団と個人のあり方を生徒とともに考える教師の姿が見えた。勝利だけにこだわるのではなく、生徒の成長を見守ることに重きを置く学校も実際には多いはずである。

3　コンクールをめぐる「物語」

コンクールが部活動のなかで大きな位置を占める要因は、前述のように多様で重層的である。しかし、最も大きな力を発揮するのは、コンクールがそれに関わる人々に「自分」を主人公にした物語の場を提供する点にあるだろう。部活動やコンクールの話題になると、「練習は厳しくつらかったが、その練習のおかげで金賞を受賞できた」「つらいこともたくさんあったが、それを乗り越えてコンクールでいい演奏ができた」「練習が多くて部を辞めたいと何度も思ったが、最後まで諦めずに部活動を続けることができてよかった」など、苦難を乗り越えて何かを得た物語が数多く聞こえてくる。その多くは、「頑張った自分」と「頑張った私たち」の物語である。

困難が大きいほど、物語はドラマチックになる。コンクールの勝利至上主義を批判するときに、「三年間で燃え尽きて、卒業後に音楽活動から疎遠になってしまう」ことがしばしば指摘される。部活動を「音楽文化に親しむ機会」と捉え、部活動をきっかけに音楽が生涯の楽しみになることを理想とする考え方に基づけば、確かに部活動の失敗だろう。コンクールで「燃え尽きてしまう」ことへの批判である。実際に、音楽活動に嫌気が差してしまう人も存在する。

しかし、「物語」の視点で考えたときには、「燃え尽きること」を美しい結末にしたストーリーも可能である。このことに気がついたのは、筆者が卒論指導を担当した学生の話を聞いたことが契機だった。高校の部活動での合唱指導をテーマに卒業研究をおこなった学生が、自分の高校時代の合唱部の体験を振り返り、練習の仕方やコンクールに向き合う姿勢、自分が受けてきた合唱指導などについて多くの話を聞かせてくれた。その学生にとって、高校時代に「合唱に強い」高校に進学して合唱部の部員として三年間を過ごしたことは大きな誇りであり、そこで得られた合唱体験は唯一無二の大切なものだった。「いまでも合唱は大好きで、高校時代の自分たちの演奏の録音をときどき聴いて当時のことを思い出す」というその学生は、大学生になったときに合唱団に所属して合唱を続けることは考えなかったという。「高校時代の合唱体験はなにものにも代えがたい素晴らしいものだったので、新たに合唱をやりたいとは思わない」というのがその理由である。大学で別の合唱団に所属して活動すれば、高校時代の美しい思い出は「上書き」されてしまう。それよりも「上書き不可」の状態で思い出を美しいものとして保存しておきたいという気持ちが、その学生の語りからみえたのである。

同様の例は、文献のなかにも見つけることができる。音楽系部活動の現状と未来に関する座談会のなかに、次のような発言がある。「オーケストラ部の新入部員が吹奏楽部員に比べて激減しています。（略）どうしてなのかを学生たちに聞きますと、高校時代に〔コンクールなどで：引用者注〕吹奏楽で燃え尽きることができなかったので、大学に持ち越しているというのです。だから大学で、吹奏楽で燃え尽きたい」。発言者は、このような態度を音楽の本質から外れていると考えているようである。しかし、学生たちにとって「燃え尽きること」や「全力を尽くして何かをすること」に大きな憧れがあるならば、それは音楽を楽しむこと以上に大事な価値なのかもしれない。

「チームのために死力を尽くすこと」は、かつてのスポーツ根性漫画などでは定番のストーリーだった。それを「昭和時代の物語」と一蹴することは簡単だが、実際にはこのような物語は、現在でも高校野球や大学駅伝、オリンピック出場の選手たちなど、様々な機会にメディアで発信され、「大きな感動」を与えている。吹奏楽も二〇〇〇年前後から、吹奏楽部を描いた漫画や映画が作られたり、日本テレビ系列のバラエティー番組『1億人の大質問!?笑ってコラえて！』（一九九六年―）のなかで「日本列島吹奏楽の旅」として強豪校の活動がドキュメンタリー風に取り上げられるなど、部活動が「物語」として消費されるようになった。この番組がきっかけで、吹奏楽部が人気の部活動になったという指摘も多い。吹奏楽以外の音楽系部活動をおこなっている生徒も、自分の音楽ジャンルに置き換えて類似の物語を作ることが可能である。これは、「コンクール」という共通の枠組みで部活動がおこなわれているからである。

全国大会に出場した生徒の言説分析から、吹奏楽コンクールを物語創出の場とする指摘はすでにある。[18] しかし、物語は常勝校の生徒だけのものではない。コンクールに参加する生徒は、それぞれ自身を主人公とする物語を描くことが可能なのである。

4 もう一つの「物語」

コンクールを舞台にした「物語」の主人公になるのは、生徒だけではない。部活動を指導する先生にも、自分を主人公にした物語がある。生徒の物語が「三年間完結」のわかりやすいストーリーであるのに対して、顧問教員の物語は、終わりがみえない長篇で、生徒の物語よりもバラエティーが豊富である。

顧問教員が主人公の「物語」の存在に気がついたのは、本章の準備のために約十人の音楽系部活動の顧問を経験している先生たちにインタビューをおこなったからである。インタビューの対象者は、公立の小・中・高校の教諭で、吹奏楽または合唱の部活動指導に携わってきた先生たちである。自分自身が中学校や高校で吹奏楽部や合唱部の部員としてコンクール上位入賞を目指して頑張った経験をもつ人もいれば、教員になるまでピアノ一筋で部活動でのコンクール経験をもたない人もいた。一人ひとりが異なる学校環境のなかで仕事をしながらも、コンクールに関わりながら教員生活を送り、そのなかで教員としての成長を遂げてきたことが、先生たちの話からは伝わってきた。

話を聞かせてもらった先生たちは、コンクールに対する考え方も、指導の具体的なやり方もそれぞれである。「コンクールに出るからには勝利を目指してしっかり練習させる」と明言する人もいれば、「コンクールに出るか否かは生徒たちに決めさせている」と言う人、「生徒と一緒になって音楽作りができるのが何より楽しい」と言う人、「授業とは違う形で生徒と関わる時間が部活動のよさだと思うようになった」と言う人、結婚して家庭をもち部活動と家庭の両立に悩む人、若いころに部活動に週末の大半を費やし妻に家庭を一切任せて「コンクール未亡人」と呼ばれる状況にさせたことを申し訳なく感じている人、「仕事なので部活動に携わっているが、部活動が地域移行して教員の手から離れるならば、それはそれで歓迎する」と割り切っている人、細部は多様だが、生徒を育てながら自分も成長していく先生たちの物語は、筆者にとってはどれも魅力的だった。しかし、このような物語が公に共有されることはまれである。

音楽部活動に関わる「教師の物語」として多くの人々が求めるのは、コンクールでの勝利を導く教師の物語である。実際に、テレビや音楽雑誌などで紹介されたり、自著が出版されたり、コンクールでの勝負に成功した教師を主人公にする物語を見つけたりすることはたやすい。人々は「感動的な物語」を欲し、勝負の場としてのコンクールは「わかりやすく感動できる物語」を作る装置として機能するのである。コンクールが「勝利至上主義」と批判される背景には、このようなコンクールでの勝敗をめぐる物語が過度に愛好される社会状況が関係しているのではないだろうか。

おわりに

「学校」という場は「平等」「勤勉」「努力」「団結」「心身の健全な育成」など多くの理念で支えられている。学校は単に勉強を学ぶ場所ではない。日本が近代化を目指す過程で、学校はこれらの理念を教え、社会のなかで期待される振る舞いを身に付けさせる場所でもあった。社会の変化のなかでこのような価値観は揺れ始めているが、だからこそ学校で学ぶことが大事になっているともいえる。そしてコンクールは、このような学校のなかで長い間大事にされてきた理念と相性がいい。

本章では部活動のコンクールを中心に扱ったが、校内合唱コンクールも本番に向けて地道に練習した成果を発表し、その過程でクラスの団結を図るという大きな枠組みは共通である。音楽の教員だけでなく、クラス担任も関わりながら、音楽文化に親しみ、連帯感を育てることが合唱コンクールの意義である。部活動と異なるのは、音楽や集団活動が得意な生徒も苦手な生徒も一緒に取り組む点である。苦手なものに挑戦することも学びの一つである。インタビューで複数の先生が、「合唱は、できない生徒が見えにくいという点で、クラス活動に実は適している」という発言をしたのが印象的だった。練習をいやがる人と、頑張りたい人とで諍いが起こりながらも、「最後はみんなで頑張った」という物語を紡ぐこともできる。近年の合唱曲は、このような物語を紡ぎやすい歌詞をもつ楽曲が人気である。音楽面で成長することもあるだろうし、見かけの団結をアピールするために動きや見た目をそろえることに意識を向けることもあるだろう。地域にもよるだろうが校内合唱コンクールを市民会館などのホールを借りて保護者も招いて大規模に開催する学校も多く、校内合唱コンクールも生徒が「晴れ舞台」を体験する場になっている。

近年は教員の働き方改革と連動して、音楽系部活動の「負の側面」が語られることが多く、学校行事の削減もしばしば話題になる。問題点が多数あることは確かだが、本章ではコンクールが学校文化と音楽文化に貢献してきた部分に着目した。わかりやすい物語を紡ぐための装置としてのコンクールや、勝負の場としてのコンクールだけに目を向けるのではなく、コンクールが学校で果たしてきた役割についても評価する必要がある。

学校活動のなかで吹奏楽や合唱を中心に形成されてきたコンクール文化の力は強く、そこには正と負の両面がある。コンクールの存在が演奏人口を増やし、演奏水準を向上させ、課題曲の創作によってレパートリーを開拓してきた一方で、「勝つため」に難易度や聴き映えのよさだけを重視するような音楽態度を培ってきた側面もある。コンクールという同じ制度を適応することで箏曲や軽音楽、民俗芸能など目立たないクラブも存在感をアピールすることができる。ただし、このような音楽ジャンルは、本来は統一基準で競い合うことが難しく、演奏するときの動きをそろえるなど見た目の統一感を過度に意識したり、「生徒らしい」キビキビとした舞台マナーが強調されたりするなど、学校ならではのスタイルが生まれやすい。コンクールの負の側面は、「勝利至上主義」だけでなく、宮入恭平が指摘するところの「発表会文化」(19)のマイナス面とも関わっているのかもしれない（本書第9章「「バレエ大国」ニッポン——発表会文化の連続性として」〔宮入恭平〕を参照）。しかし、様々な環境で学ぶ生徒たちに対して、平等に演奏発表の場を提供することで、コンクールは日々の地道な練習に対するモチベーションを生み出し、音楽を演奏する楽しさと思い出を作ってきた。その功績を無視することはできないだろう。

学校卒業後の音楽との関わり方は個人によって様々だが、卒業後もコンクールを演奏活動の場として活用する音楽愛好家は少なくない。吹奏楽や合唱だけでなく、近年はピアノや声楽などの演奏発表の場としてコンクールを利用する大人も増えてきている。[20]参加費を払えば本格的な音楽ホールで演奏ができ、専門家（審査員）に聴いてもらえるコンクールは、生涯にわたって音楽と付き合い自身を向上させたい人にとって重要な音楽の場になっている。このようなコンクール文化の広がりに、小・中・高校でコンクールを目指して音楽に打ち込んだ人たちの存在が影響している可能性は十分に考えられるだろう。

注

（1）全国高等学校総合文化祭に出場する学校の選出方法は、都道府県によって、またジャンルによって異なる。コンクール形式をとらずに輪番などで出場校を決める場合もある。

（2）「全日本吹奏楽連盟」（http://www.ajba.or.jp/company.html）［二〇一三年十二月二十日アクセス］

（3）支部は北海道・東北・東関東・西関東・東京都・東海・北陸・関西・中国・四国・九州の十一支部。

（4）全日本マーチングコンテストは二〇二二年度に第三十五回、全日本小学生バンドフェスティバルは第四十一回、全日本アンサンブルコンテストは第四十六回を数えている。全日本小学生バンドフェスティバルは、フェスティバルという名称だが金賞・銀賞・銅賞を表彰する。
（5）北海道は道内を十一地区に分け、東京都は団体を小学校、中学校、高等学校、大学、職場、一般の六種別に分けて予選をおこなっている。
（6）北海道は各地域連盟の、東京都は部門別吹奏楽連盟の代表者。
（7）「合唱コンクール」「全日本合唱連盟」（https://jcanet.or.jp/event/concour/index.htm）［二〇二三年十二月二十日アクセス］
（8）「Ｎコンのあゆみ」「ＮＨＫ」（https://www.nhk.or.jp/ncon/archives/history.html）［二〇二三年十二月二十日アクセス］
（9）声楽アンサンブルコンテスト全国大会は福島県と福島県教育委員会、全国大会実行委員会の主催で、全日本合唱連盟や福島市など六団体との共催である。「大会概要」「声楽アンサンブルコンテスト全国大会」（http://www.vocalensemble.fukushima.jp/taikaigaiyo.html）［二〇二三年十二月二十日アクセス］。全国大会出場団体を決める地方大会は、各地域の合唱連盟によって運営されている。
（10）インタビューは二〇二三年一月から五月にかけて勤務校の卒業生や知人の小・中・高校の教員十人に実施した。学校種や勤務校の環境によって個々の体験は多様であるため、本章では発言主を特定しない方法でインタビュー内容を紹介する。
（11）「ピティナ・ピアノコンペティション」（https://compe.piano.or.jp）［二〇二三年十二月二十日アクセス］
（12）「津軽三味線世界大会」（https://www.tsugaru-shamisen.jp/about/）［二〇二三年十二月二十日アク

セス］

（13）「琉球古典芸能コンクールについて」「琉球音楽 全友会」（https://zenyukai34.jimdo.com/ コンクール/）［二〇二三年十二月二十日アクセス］

（14）文部科学省「中学校学習指導要領（平成29年告示）解説 総則編」二〇一七年七月（https://www.mext.go.jp/content/220221-mxt_kyoiku02-100002180_003.pdf）［二〇二三年十二月二十日アクセス］、同「中学校学習指導要領（平成29年告示）解説 特別活動編」二〇一七年七月（https://www.mext.go.jp/component/a_menu/education/micro_detail/__icsFiles/afieldfile/2019/03/18/1387018_013.pdf）［二〇二三年十二月二十日アクセス］

（15）教育課程とは、授業のほかに総合的な学習の時間や特別活動（学級活動・生徒会活動・学校行事）を含めた学校での教育計画を指す。

（16）新型コロナウイルス感染症拡大下で吹奏楽コンクールが開催されなかった二〇二〇年に高校三年生だった学生だろう。オーケストラ部をもつ高校は少なく、中・高で吹奏楽部だった人が大学でオーケストラに入る例は多い。

（17）内田良／清水宏美／野本由紀夫／伊野義博／古山典子「オンライン座談会「音楽系部活動の現状と未来」――部活動改革における音楽系部活」「音楽教育実践ジャーナル」第二十巻、日本音楽教育学会、二〇二二年

（18）田口裕介「吹奏楽の甲子園――「普門館」をめぐる物語としての音楽」、早稲田大学大学院教育学研究科編「早稲田大学大学院教育学研究科紀要 別冊」第十九号（二）、早稲田大学大学院教育学研究科、二〇一一年

（19）宮入恭平編著『発表会文化論――アマチュアの表現活動を問う』（青弓社ライブラリー）、青弓社、

二〇一五年

（20）例えばショパン国際ピアノコンクール in ASIA は「ショパニスト（ショパン愛好家）部門」（「開催要項・課題曲」〔https://www.chopin-asia.com/25th-edition/regulation/〕［二〇二三年十二月二十日アクセス］）を、国際声楽コンクール東京は「声楽愛好者部門」（〔https://ivctokyo.com/ivc/aboutcompetition#lovers〕［二〇二三年十二月二十日アクセス］）を設置している。大人のピアノ愛好者とコンクールについては、本間千尋「1980年代以降のピアノ文化――ピアノ文化の繁栄と高級なアマチュア」（慶應義塾大学大学院社会学研究科編「慶應義塾大学大学院社会学研究科紀要　人間と社会の探究」第七十八号、慶應義塾大学大学院社会学研究科、二〇一四年）でも論じられている。

第9章　「バレエ大国」ニッポン
——発表会文化の連続性として

宮入恭平

1　国際バレエコンクールが意味するもの

毎年二月になるとスイスのローザンヌで、国際バレエコンクールの決戦大会がおこなわれる。若手バレエダンサーの登竜門として有名なローザンヌ国際バレエコンクールは、スイスの舞踊振興財団が一九七三年から開催していて、二〇二二年に第五十回大会、二三年には五十周年を迎えた。五十回目を迎えた二二年二月の決選大会では、大阪出身でスイスのバレエ学校に留学中の田中月乃が二位、五十周年を迎えた二三年二月の決選大会では、最年少の十五歳で出場した中学三年生の宮崎圭介が八位に入賞している。ちなみに、ローザンヌ国際バレエコンクールで日本人として初めて入賞したのは吉田尚美で、日本国内ではまだその存在が知られていなかった一九七八年のことだった。

それから現在にいたるまで、ローザンヌ国際バレエコンクールでは毎年のように日本人が入賞していて、これまでに八十人以上が様々な賞を獲得してきた。こうした日本人の活躍ぶりがメディアなどで大きく報じられたおかげで、日本でのローザンヌ国際バレエコンクールの一般的な認知度は高まることになった。[1] もちろん、国際バレエコンクールでの日本人の活躍はローザンヌに限ったものではない。バレエの三大コンクールと呼ばれるヴァルナ国際バレエコンクール（ブルガリア）、モスクワ国際バレエコンクール（ロシア）、ジャクソン国際バレエコンクール（アメリカ）でも、これまで日本人が入賞を果たしてきた。バレエの三大コンクールのなかで最も歴史が長いのは、六四年に始まった二年に一度開催されるヴァルナ国際バレエコンクール、次いで、六九年に始まり四年に一度開催されるモスクワ国際バレエコンクール、そして、七九年に始まり四年に一度開催されるジャクソン国際バレエコンクールになっている。[2]

バレエは「イタリアで生まれ、フランスで花開き、ロシアで成熟した」といわれるように、その歴史をさかのぼると十五世紀のルネサンス期イタリアの宮廷舞踏にたどり着く。十六世紀にはバレエがフランスの宮廷に持ち込まれ、十八世紀のバレエ・ダクション（舞踏劇）を経て、近代バレエである十九世紀前半のロマンチックバレエと十九世紀後半のクラシックバレエが誕生する。そして、二十世紀初頭のバレエ・リュス（ロシアの伝説的なバレエ団）によって、バレエは広く世界へと波及することになった。しかし、こうした長期にわたるバレエ史にもかかわらず、バレエコンクールは意外にも最近になってから始まったものだ。その理由は、バレエの本場であるヨーロッパやロシアでのバレエを取り巻く環境からひもとくことができる。そもそも、バレエダンサーとして活躍するためには、バレエカンパニー（バレエ団）に入団するのが常套手段になっている。カンパニーは演目が上演される劇場に付属していて、そこにはバレエ学校が併設されている。本場のバレエ教育の歴史は古く、フランスではパリのオペラ座にバレエ学校が併設されたのが一七一三年、ロシアでは帝政時代の女帝アンナ・イヴァノヴナの命によって三八年にフランスのバレエ教育にならったバレエ学校が開校している。このような経緯をくんで、バレエダンサーを職業とするためにはバレエ学校を卒業してカンパニーに入団するという過程が一般的になっている。もちろん、バレエ学校で教育を受けても希望どおりのカンパニーに入団できないことがあり、その場合には別のカンパニーに入団したり、あるいは劇場や公演ごとに契約したりすることになる。こうしたバレエを取り巻く環境は、バレエ界でのコンクールの必要性を希薄なものにさせてきた。そもそも、バレエ界では二十世紀初頭まで、コンクールという形態でダンサーを評価するという発想そのものがなかったことから、初めてバレエコンクールが開催されたのは一九三一年だった。そして五〇年代ごろになってようやく、バレエダンサーの数が増えて世界的な交流がしやすくなったこと、カンパニー単位ではない公演がおこなわれるようになりフリーのバレエダンサーが増加したこと、さらに、コンペティションという形態でダンサーを評価することがよしとされる風潮になったことなど、様々な要因によってバレエコンクールの数が増加の一途をたどることになったのだ(3)。

ヨーロッパでは歴史があるバレエだが、日本で知られるようになったのは、ようやく二十世紀になってからのことだ。日本で初めてバレエが上演されたのは、帝国劇場が完成した一九一一年だった。そして、二二年にはバレエ・リュスにも参加していたロシアの伝説的なバレエダンサーであるアンナ・パヴロワの公演が全国十都市で開催されると、次第に日本でもバレエが認知されるようになった。[4]本場のヨーロッパと比べれば浅い日本のバレエ史にもかかわらず、昨今の世界的に有名な国際バレエコンクールでの日本人の活躍ぶりには目を見張るものがある。もちろん、日本のバレエダンサーが国際的に活躍するのは喜ばしいことだが、それを手放しで称賛するのは性急にすぎるだろう。そもそも、なぜ海外で開催されるコンクールに出場しなければならないのだろうか。国内のコンクールは十分に機能していないのだろうか。そんな疑問がついつい脳裏をかすめてしまう。例えば、三大バレエコンクールがプロフェッショナルを対象にしているのに対して、ローザンヌ国際バレエコンクールは若手のアマチュアを対象にしている。バレエダンサーを職業とするためにはバレエ学校を卒業してカンパニーに入団するというバレエの本場での常套手段を踏まえれば、アマチュアを対象にするローザンヌ国際バレエコンクールは、若手を育成するための装置として十分な役割を果たしていると考えることができるだろう。七三年に開催されたローザンヌ国際バレエコンクールの第一回大会では、入賞者が入学できるバレエ学校の受け入れ先はわずか三校だけだったが、現在では提携校が三十校以上に増えている。さらに、九九年からはカンパニーの研修生として参加できる権利を獲得できる新たな賞も増設され、現在では提携カンパニーが三十団体以上に及んでいる。ローザンヌ国際バレエコンクールは、国の助成や資格制度がなく、自国でプロフェッショナルになるすべがない若手のバレエダンサーの受け皿になっている。[5]そして、その条件は日本にも当てはまるものだ。実際のところ、日本人として初めてローザンヌ国際バレエコンクールに入賞した吉田尚美は、受賞したスカラシップ賞でバレエ留学の費用とバレエ学校への入学を手に入れることになった。その受賞が契機になって、プロフェッショナルとしてのバレエ界への道が開かれたのだ。ローザンヌ国際バレエコンクールで日本人の入賞者が多い理由には、こうしたやむにやまれぬ事情があるというわけだ。

2 「バレエ大国」ニッポン

わずか百年というバレエ史にもかかわらず、バレエの本場であるヨーロッパやロシアと並んで、いまや日本は「バレエ大国」の異名をとるほどまでにバレエ文化を誇るようになった。昭和音楽大学バレエ研究所の調査によると、日本のバレエ人口は二〇一一年に四十万人に及んだものの、五年後の一六年には三十五・八万人、十年後の二一年には二十五・六万人と減少傾向にある。(6)とはいえ、小さな子どもから高齢者にいたる日本のバレエ文化の裾野の広がりは、幅広い世代がバレエを気軽に実践できるという環境によるところが大きい。それを牽引してきたのは、アマチュアが趣味でバレエを実践できる習い事としてのバレエ教室だ。日本で初めてのバレエ教室は、「日本バレエの母」とも呼ばれるロシア人のエリアナ・パブロバが一九二七年に鎌倉市に開設したものだった。そして、二〇一一年にはバレエ教室の総数が四千五百三十件に達していて、一六年には四千六百三十件、二一年には四千二百六十件と推移している。二十世紀に入ってからようやく日本で認知されるようになったバレエは、第二次世界大戦以降に広く波及した。戦後日本のバレエ文化の広がりは、バレエ教室によってもたらされたといっても過言ではない。敗戦の翌年の一九四六年には、東京バレエ団による『白鳥の湖』の全幕公演が二十二日間にわたって開催され、連日満員の大盛況を博した。五〇年代には海外のバレエ団による来日公演がおこなわれるようになり、四八年のイギリス映画『赤い靴』(監督:マイケル・パウエル/エメリック・プレスバーガー)の日本公開も相まって、バレエを習いたいと思う(女子を中心とする)子どもたちは増加した。(7)五〇年代前半には、バレエに関する情報が盛り込まれた記事や漫画が少女誌に掲載されるようになった(図1)。さらに、牧美也子『母恋ワルツ』(東光堂、一九五七年)や高橋真琴『あらしをこえて』(光文社、一九五八年)などのバレエを題材とする漫画の作品は、五〇年代後半から六〇年代はじめにかけて大きく流行した。(8)

こうしたバレエに対する憧れが、習い事としてのバレエを定着させるために一役買ったことは間違いないだろう。ちなみに、二十世紀初頭の明治後期から大正期にかけて、音楽の習い事は女子のたしなみとして実践されていて、その代表的なものが長唄とピアノだった。こうした習い事の文化は階層文化における新中間層や上流階級によって支えられ、第二次世界大戦前の昭和期まで引き継がれることになった。(9)やがて、六〇年代の高度経済成長期になると、新中間層の拡大とともにピアノがブームになった。ピアノの売り上げ台数は伸びてピアノ教室も増加し、ピアノ文化の大衆化が加速することになったというわけだ。同様に、五〇年代にはすでに長唄よりも習いたいほどの人気があったバレエもまた、高度経済成長期のバレエ人口の増加やバレエ教室の普及に伴って大衆化が促されることになった。(10)思い起こせば、筆者が小学生だった七〇年代の半ばには、同じクラスの女子四人から五人がバレエ教室に通っていた。この時点で、バレエ文化の波はすでに、地方の小さな町

図1　石田英助「まんが絵物語 にゃん子のアメリカ旅行」
（出典：「少女」1951年3月号、光文社、54ページ）

にまで広がりをみせていたことになる。

日本を「バレエ大国」へと促す役割を果たすことになったバレエ教室だが、バレエの本場であるヨーロッパやロシアでのバレエ学校と根本的に位置づけが異なることには留意する必要があるだろう。例えば、世界に名だたる「バレエ大国」として知られるロシアでは、ソビエト連邦（ソ連）時代に国家の手厚い保護のもと、才能ある子どもたちの受け皿になったバレエ学校で、プロフェッショナルのバレエダンサーが輩出されることになった。そもそもソ連時代には、バレエはあくまでもプロフェッショナルのダンサーによる踊りを「見せる」ための芸術であり、一般の人々にとっては「見る」ための芸術だった。その文脈のもとで、ロシアは「バレエ大国」になったわけだ。やがて、ソ連が崩壊して市場経済が進んだ一九九〇年代になってから、ロシアではようやく、一般の人々自身が踊るためのバレエ教室が普及するようになった(11)。その一方で、日本ではバレエ教室の普及に伴い、バレエの大衆化が促されるにつれてバレエ人口の裾野が広がることになった。言い換えれば、日本のバレエ文化は、「見る」ためではなく、習い事としてたしなむ一般の人々によって支えられてきたということになる。日本でも戦後には、松山バレエ団（一九四八年―）、谷桃子バレエ団（一九四九年―）や牧阿佐美バレヱ団（一九五六年―）などのバレエ団が設立されてプロフェッショナルを育成するためのバレエ学校も併設されることになった。しかし、日本を「バレエ大国」へと導いたのは、あくまでも習い事としてのバレエ教室によって促されたバレエの大衆化だった。

こうした日本のバレエ文化は、職業としてのバレエダンサーを目指す人たちにとっては、必ずしも望ましいものではない。実際のところ、日本はバレエを習い事として捉える「お稽古事大国」であり、バレエを職業として捉える「職業芸術大国」にはほど遠いという指摘がある。[12]日本では習い事としてのバレエ教室が普及したものの、残念ながらバレエダンサーを育成するための教育機関は十分に整備されてこなかった。例えば、バレエを専門に学べる高等教育機関はいくつかあるものの、それらすべてがプロフェッショナルを育成するためのものではない。また、国立の教育機関として新国立劇場はバレエ研究所を設置しているが、その門戸はきわめて狭いのが実情だ。国際バレエコンクールでの日本人の相次ぐ受賞からは、こうした日本国内のバレエ文化の内実が見え隠れする。それはまた、日本の文化政策の脆弱さをほのめかしてもいるのだ。ローザンヌ国際バレエコンクールで入賞した宮﨑圭介は大阪のバレエ教室に通っていたが、ドイツのバレエ学校に留学することになった。また、田中月乃も地元の大阪のバレエ教室を経て、スイスのバレエ学校に留学中の入賞だった。さらに、「バレエを習う子供たちの裾野の広さがこの国のバレエの根底を支えている一方で、プロフェッショナルになるための道筋が見えず、取り急ぎコンクールを目指し、ソロを踊る技術をひたすら磨く若者は多い[13]」という指摘からも、日本ではバレエダンサーが職業として成立しづらい環境が理解できるだろう。

3 発表会文化とは何か

バレエ教室によってもたらされた「バレエ大国」によって、日本では幅広い世代にバレエ文化の裾野が広がることになった。それはまた、「お稽古事大国」を促すことになったと同時に、「職業芸術大国」になるための環境が整っていないことを露呈した。そんな日本のバレエ文化をめぐって、一部のバレエ関係者の間ではチケットノルマが話題になっている。チケットノルマとは、音楽や演劇などの公演で日本では広く一般的に採用されているシステムで、出演者自らが課されたチケットの代価を支払うものだ。つまり、出演者は出演料を（もらうのではなく）支払う必要があるというわけだ。そのチケットノルマが、バレエ文化で常態化していることが明らかになりつつある。ロシアのバレエ団に所属していた大塚アリスは、帰国後に谷桃子バレエ団に所属することになった。大塚は日本のプロフェッショナルのバレエダンサーの実情について、基本給はなく、出演料だけの完全歩合制で、しかも団費の名目でレッスン料を支払っていることを赤裸々に語っている。さらに、所属する谷桃子バレエ団にはチケットノルマがないものの、日本のバレエ団ではチケットノルマが常態化していることを打ち明けたのだ。[14] 昭和音楽大学バレエ研究所所長で、二〇〇三年からはスターダンサーズ・バレエ団（一九六五年―）の総監督を務めている小山久美も、バレエ団のチケットノルマについて指摘している。かつてスターダンサーズ・バレエ団ではチケットノルマが採用されていたが、小山が総監督に就任した際に見直すことになった。チケットノルマがバレエダンサー自身にとって有益なものではないと考えたうえでの判断だった。[15]また、スターダンサーズ・バレエ団に所属する小山恵美は、「日本のバレエ団でも、チケットノルマで客席が埋まるのではなく、お客さまが入るようにならないと日本のバレエダンサーを取り巻く環境がいつまでたってもかわらないと思っています[16]」と述べ、チケットノルマに対する批判をほのめかす。その一方で、「私たちのバレエ団はノルマがないので、観客動員は毎回苦戦しています[17]」と、チケットノルマによる集客の実情に言及している。チケットノルマの賛否については議論の余地があるものの、代価を支払ってまでも日頃の成果を披露することを容認してしまうという心性は、発表会文化の文脈からひもとくことができるだろう。

習い事としてのバレエ教室は、日本を「バレエ大国」へと促すための装置として機能してきた。そもそも日本で習い事が定着した時期は、たしなみや趣味のもとで庶民文化が花開いた江戸時代の後期までさかのぼることができる。習い事は、日頃の練習成果を披露する場を人々に提供してきた。そして、バレエ教室やピアノ教室の発表会やコンクールから、日本舞踊や邦楽、茶華道などの伝統芸能と呼ばれる分野の温習会やおさらい会、さらには学校教育のなかで採用されている学芸会や音楽会にいたるまで、練習成果を披露する場としての発表会が必然的に存在しているという自明性が人々の意識のなかで共有されるようになった。このような「発表会を無自覚のままに受け入れる姿勢」、言い換えれば「発表会的心性の醸成」によって、日本には発表会文化が広く浸透していると考えることができる。[18] すでに幼稚園や保育園という幼児教育の段階で園児たちは、お遊戯会の名のもとで発表会に参加している。そして、小学校や中学校の義務教育では学芸会や音楽会などが開催されている。さらに、中学校や高等学校では教育課程の学校行事として合唱祭などの発表会がおこなわれ、教育課程外の部活動でもコンクールをはじめとする発表の場があてがわれている。つまり、学校教育では発表会ありきの環境が常態化しているのだ。そして、人々は「なぜ発表会があるのか」や「なぜ発表会に参加する必要があるのか」という問いがないまま、物心つくかつかないかのころから発表会に参加しているというわけだ。

発表会文化が促される大きな要因の一つとして、学校教育のなかで無自覚のままに醸成される発表会的心性をあげることができるだろう。[19] 学校行事や部活動では、クラス対抗や学校対抗という競争性のもとで、日頃の練習成果が披露されることになる。ここで留意すべきは、学校教育での発表会には、帰属意識や達成感を高めるために共同性という教育的配慮が加味されるということだ。競争性をはらんだ共同性は、誰もが参加するという状況を作り出し、教育現場にとって欠かすことができない重要な役割を担っている。そして、学校教育のなかで醸成された発表会的心性は、無自覚のままに内面化されることになる。例えば、アメリカと日本の発表会をめぐっては、その差異についての実体験がつづられている。[20] アメリカでは小学校の学校会で、児童が子ども用ではない本格的な楽器を手に取り、音楽会で日頃の成果を披露する。そして、その演奏がたとえ聴くに堪えないものだったとしても、そこに集まった観客（主に児童の家族）は拍手喝采を送るのだ。そこで求められるものはあくまでも日頃の練習成果であって、質の高い演奏ではない。それに対して、日本では幼稚園のお遊戯会で披露する演奏でさえも、決して手を抜くことが許されない。幼い園児とは思えないほどの洗練された演奏が披露されるなか、楽器の演奏が苦手な園児は舞台に上がっても音を出すことなく当て振りを迫られる。日頃の成果を披露するはずの発表会が、発表会を披露するための場になっているのだ。学校教育によって醸成される発表会的心性は、「発表会のための発表会」という状況を常態化させてしまう。本来ならば日頃の練習成果を披露する手段にもかかわらず、発表会で披露すること自体が目的になってしまい、発表会を自己目的化させてしまっている。そして、学校教育のなかで無自覚に醸成される発表会的心性は、自己目的化した発表会のあり方さえも無批判に肯定させてしまう可能性がある。もちろん、発表会があるからこそ、その成果を披露するために日常的な実践が充実したものになるのは事実だ。特に、学校教育では、その効果が大いに評価されもしている（本書第８章「学校とコンクール——競い合いのなかで何を学ぶのか」〔小塩さとみ〕を参照）。しかし、その一方で、発表会（文化）によって生じる課題についても、批判的な視座から誠実に向き合わなければならないはずだ。

４ 発表会文化の連続性として

ローザンヌ国際バレエコンクールをはじめとする国際的なバレエコンクールには、多くの日本人が参加している。そして当然のことながら、日本国内でも数多くのバレエコンクールが開催されている。もっとも、国際バレエコンクールと国内バレエコンクールでは、それぞれの異なるあり方に目を配る必要があるだろう。ここまでみてきたように、国際バレエコンクールでの日本人の華々しい活躍は、バレエダンサー自身の資質や才能もさることながら、それにも増して、日本国内でのプロフェッショナルとしての活動の限界によるところが大きい。国際バレエコンクールに参加する日本人は、あくまでも職業としてのバレエダンサーを目指していて、国内では限界があるプロフェッショナルとしての活動の場を海外に求めている。そのために、まずは国際バレエコンクールでの入賞が必須になるというわけだ。では、国内バレエコンクールに参加するバレエダンサーには、どのような意図があるのだろうか。昭和音楽大学バレエ研究所は、二〇一六年に国内初になる全国のバレエコンクールを対象にした全国バレエコンクール調査を実施している。それによると、日本国内で一六年に開催されたバレエコンクールは百六件（そのおよそ半数は二〇〇六年以降に創設されたもの）、一コンクールあたりの平均応募者数は二百八十二人、そして、年間のコンクール応募者数は延べ三万人近くに及んでいる。ちなみに、無料で参加できるコンクールはなく、金額が判明した三十二のコンクールの出場料は平均二万千四百円だった。さらに、一一年から十年の間にバレエ人口は減少しているにもかかわらず、国内バレエコンクールの開催数は増加傾向にある。その理由として、同調査では「バレエ学習者にとってバレエコンクールが身近な学習目標となっている点」や「バレエ教室にとってバレエコンクールが生徒を集め、つなぎとめるための方策となっている点」、そして「コンクールの主催団体にとってバレエコンクールが採算の取れるビジネスとみなされている点」という三つの要因が影響しあった結果だと分析している。[21]

昭和音楽大学バレエ研究所の調査によると、バレエ教室が開催する発表会の割合はこの十年で大きな変化はなく、ほぼ横ばいで九〇パーセント近くを維持している。つまり、バレエ教室による発表会の開催は常態化しているというわけだ。その一方で、コンクールへの参加者がいるバレエ教室の割合は、この十年の間に大きく増加している（表1）。近年の過熱する国内のコンクールブームについて、バレエ教室の生徒や保護者の間からは、「〔コンクール入賞を目指すがあまり〕テクニックやバリエーション偏重になっている」「〔コンクールありきの拙速な指導のために〕基礎練習がおろそかになるばかりか、成長期の生徒の身体に悪影響がある」「〔コンクール至上主義によって〕バレエが競争になって、芸術性が軽視されている」「〔市場経済の論理のもとで〕一部のコンクールが営利目的に走っている」などの批判の声も上がっている。こうした国内のバレエコンクールのあり方は、発表会文化の連続性として捉えることができるだろう。つまり、習い事の帰結としての発表会という自明性が、発表会の延長線としてのコンクールでも無自覚のまま内面化されてしまっているということだ。そもそも、習い事としてのバレエ教室では、発表会やコンクールが日常的に開催されている。コンクールでの優勝経験があり、現役バレエダンサーとしても活動しているバレリーナ芸人の松浦景子は、三歳からバレエを習い始め、現在は自らのバレエ経験を生かしながら、著書や動画配信で「バレエあるある」ネタを発信している。そのなかには、バレエ教室での発表会やコンクールの「あるある」ネタも含まれている。例えば、「発表会あるある」では、「発表会の舞台裏、親と先生との間で謎のお札の封筒が飛び交うやり取り見てられへん[22]」と発表会の裏側を赤裸々につづっている。また、「なにかと出費がかさむバレエスタジオに娘が属していて、その都度大変なバレエ

表1　発表会の開催とコンクールへの参加

	第1回（2011年）	第2回（2016年）	第3回（2021年）
発表会の開催	85.7%	87.5%	87.1%
コンクールへの参加	51.1%	63.1%	65.1%

（出典：昭和音楽大学バレエ研究所「『日本のバレエ教育に関する全国調査』報告書」〔昭和音楽大学バレエ研究所、2022年〕33ページをもとに筆者作成）

ママ」や「舞台やコンクールが終わった数日後、だんだん御礼がエスカレートするバレエママ」というネタでは、発表会出場からコンクール出場、さらにはコンクール入賞へと段階を経るにつれて謝礼の金額やお礼の商品がエスカレートする光景を辛辣に描写している。(23)

近年の国内コンクールが増加している要因にもあげられているように、バレエを習う人たち自身による学習目標として、国内バレエコンクールが利用されているのは明らかだ。それと同時に、国内コンクールがバレエ教室やコンクールの主催団体のための営利目的として利用されているのも事実だ。もちろん、資本主義社会で、コンクールが経済活動の場になることは、必ずしも否定されるものではない。しかし、こうした市場原理を容認する態度は、結果的にバレエ文化のチケットノルマの常態化を促してもいるのだ。さらに、形骸化した発表会が「発表会のための発表会」という自己目的化に陥ってしまったように、コンクールも名ばかりの存在になって、「コンクールのためのコンクール」という自己目的化に陥る可能性は十分に考えられる。つまり、手段としてのコンクールではなく、コンクールそのものが目的になってしまうわけだ。そして、最近の加熱する国内のバレエコンクールの内実は、発表会文化の連続性として捉えることができるだろう。これまで発表会の名のもとでおこなわれてきた実践が、コンクールの名のもとで再現されているに等しい、つまり、発表会からコンクールへと、ただ単に看板を掛け替えたにすぎないのだ。こうした状況は、必ずしもバレエに限ったことではなく、コンクールを伴うすべての上演芸術（パフォーミングアーツ）に共通する課題として、批判的に捉える必要があるのかもしれない。

注

（1）「ローザンヌで羽を広げるバレエダンサー」「スイス公共放送協会」（https://www.swissinfo.ch/jpn/%E3%83%AD%E3%83%BC%E3%82%B6%E3%83%B3%E3%83%8C-%E3%83%90%E3%83%AC%E3%82%A8/46290228）［二〇二三年七月十八日アクセス］

（2）芳賀直子『ビジュアル版 バレエ・ヒストリー――バレエ誕生からバレエ・リュスまで』世界文化社、二〇一四年、一七一ページ

（3）バレエ史とバレエコンクールについては同書に詳しい。

（4）鈴木晶『バレエの魔力』（講談社現代新書）、講談社、二〇〇〇年、一八一―一八三ページ

（5）「大きく様変わりしたローザンヌ国際バレエコンクール」「スイス公共放送協会」（https://www.swissinfo.ch/jpn/business/47307882）［二〇二三年七月十八日アクセス］

（6）バレエ人口が減少傾向にある背景として、二〇二〇年に顕在化した新型コロナウイルス感染症のパンデミックが大きな要因になっていると考えられる。バレエ人口の減少をバレエ文化そのものの縮小として捉えるのか、それともコロナ禍による一過性のものとして捉えるのかについては、今後の分析を注視する必要があるだろう。なお、本章での昭和音楽大学バレエ研究所の調査については、昭和音

楽大学バレエ研究所「「日本のバレエ教育に関する全国調査」報告書」（昭和音楽大学バレエ研究所、二〇二二年）を参照している。
（7）前掲『バレエの魔力』一八五―一八七ページ
（8）「少女マンガはどこからきたの？ web展」「米沢嘉博記念図書館」（https://www.meiji.ac.jp/manga/yonezawa_lib/exh_shoujomanga/corner02.html）［二〇二三年七月十八日アクセス］
（9）歌川光一『女子のたしなみと日本近代――音楽文化にみる「趣味」の受容』勁草書房、二〇一九年
（10）昭和音楽大学バレエ研究所の小山久美は、習い事としてのバレエ文化の波及について、「そもそも日本ではお茶やお花という伝統的な「嗜む」文化があり、お師匠さんからそれらを学ぶことで自分を高めていきたいという独特の捉え方が根付いています。日本におけるお稽古事としてのバレエは、根本的にそのような感覚で広まっていったんでしょうね」と述べ、「それと、高度成長期に人々の生活が豊かになり、最初はピアノのお稽古をする家庭がすごく増えました。それがだんだん核家族が増えて、ピアノを置けるような家が減ってきたという事情も、習い事としてのバレエが普及した背景のひとつだと思います」と指摘している。「頭で理解したことを身体で表現する。「バレエはコミュニケーションツール」バレエ研究所・小山久美先生インタビュー【前編】」二〇一八年二月二十八日「こどもまなび☆ラボ」（https://kodomo-manabi-labo.net/oyamakumi-interview1）［二〇二三年七月十八日アクセス］
（11）「世界有数のバレエ大国ロシア 見る「芸術」は普通の人も踊る時代へ」二〇二二年三月十八日「GLOBE+」（https://globe.asahi.com/article/14570061）［二〇二三年七月十八日アクセス］
（12）細川昌彦「日本人バレエダンサー躍進で考える「お稽古事大国」から「職業芸術大国」への脱皮」二〇一七年七月五日「ハーバー・ビジネス・オンライン」（https://hbol.jp/pc/144667/）［二〇二三年

七月十八日アクセス］
(13) バレエジャーナリストの阿部さやかは、バレエ教育のあり方について言及しながら、「バレエ大国」でありながらも職業としてのバレエダンサーになるのは困難な日本の状況をほのめかしている。「第3回公演『眠れる森の美女』」「K-BALLET YOUTH」(http://www.k-balletyouth.com/performance/2016sleepingbeauty.html)［二〇二三年七月十八日アクセス］
(14)「【プロバレリーナのルームツアー】リアルな給料事情を告白」「YouTube」(https://www.youtube.com/watch?v=3CPLIlf8-ck&t=4s)［二〇二三年七月十八日アクセス］
(15)「チケットノルマ、日本バレエ界の派閥、バレエ団の現状・取り組み等、お話ししていただきました！【スターダンサーズ・バレエ団】」「YouTube」(https://www.youtube.com/watch?v=HIW6xCM7KtQ)［二〇二三年七月十八日アクセス］
(16)「小山恵美」(@emioyama)による二〇一七年十月十四日のツイート（現「X」のポスト、https://twitter.com/emioyama/status/918856980843741185)［二〇二三年七月十八日アクセス］
(17)「小山恵美」(@emioyama)による同日のツイート（現「X」のポスト、https://twitter.com/emioyama/status/918860837401411584)［二〇二三年七月十八日アクセス］
(18) 発表会文化については、宮入恭平編著『発表会文化論——アマチュアの表現活動を問う』(［青弓社ライブラリー］、青弓社、二〇一五年）に詳しい。
(19) 学校教育での発表会的心性の醸成については、宮入恭平「「趣味」としての部活動——学校教育が醸成する発表会的心性」（宮入恭平／杉山昂平編『「趣味に生きる」の文化論——シリアスレジャーから考える』所収、ナカニシヤ出版、二〇二一年）一二〇—一二八ページに詳しい。
(20)「【46】本物の楽器を使うアメリカの小学校の音楽教育、全体発表会はひたすら忍耐の時間だったが…」二〇一九年八月二十八日「広瀬容子の寡婦年収３００万円からの人生大逆転――４人子連れアメリカ大学院留学奮戦記」(https://www.hiroseyoko.com/entry/2019/08/28/225600)［二〇二三年七月十八日アクセス］

(21) 海野敏/小山久美「日本のバレエ教育の実態および課題――第2回『バレエ教育に関する全国調査』に基づく考察」、舞踊学会編「舞踊学」第四十号、舞踊学会、二〇一七年

(22) 松浦景子『松浦景子のバレエあるある』マキノ出版、二〇二一年、八五ページ

(23)「【あるある44】バレリーナ芸人による 細かすぎて伝わらないバレエあるある★お母さんは大変(ステージママ)楽屋・舞台裏バレエママ」「YouTube」(https://www.youtube.com/watch?v=oN550SvbXuQ)［二〇二三年七月十八日アクセス］

あとがき

宮入恭平

本書のテーマであるコンクールについて議論するきっかけになったのは、二〇一九年十二月十四日に学術団体である日本音楽学会（東日本支部）の主催による第六十二回定例研究会で開催された「音楽を競技する――コンクールを考える」と題するシンポジウムだった。そこでは、「音楽コンクール（競技会）について、さまざまな視点から、複数の音楽文化を比較することで、「音楽を競う」とはいったいどのような行為であり、社会的にどのような役割を果たしているのかを考える」という趣旨のもと、参加者の間で活発な議論が交わされた。(1)シンポジウムの終了後におこなわれた懇親会では、登壇者の誰からともなく、「音楽を競う」ことをテーマにした議論が発展し、いずれ何らかの形態で残せないだろうかという提案が持ち上がった。それから一年あまりが経過した二〇二一年二月に、シンポジウムのパネリストとして登壇した小塩さとみ、神保夏子、増野亜子、そして宮入恭平を中心として立ち上げたのがコンペティション研究会だった。その研究会では、日本音楽学会のシンポジウムでテーマになった「音楽を競う」という限定的なジャンルにとどまることなく、舞踊や芸能なども含まれる身体性を伴う上演芸術（パフォーミングアーツ）の競技性に注目しながら、幅広いテーマでの議論が展開された。そして、本書が編まれることになったのだ。

本書の各章と各コラムでの議論の多くは、コンペティション研究会での発表に基づいたものになっている。もっとも、研究会での発表内容は多岐にわたったために、必ずしも本書の「パフォーミングアーツを競い合う」という文脈に沿うものばかりではなかった。したがって、研究会で発表したすべてのテーマを本書に反映させることができず、残念ながら今回は見送らざるをえなくなったものもあることは書き添えておく必要があるだろう。ちなみに、コンペティション研究会の「コンペティション」という言葉は、様々な「競い合う」という事象の総称として用いたものだ。しかし、本書を編むにあたってあらためてその言葉の妥当性を検討したうえで、日本では「競い合う」という事象を言い表す言葉として、ほかにもなじみがあるものがあるだろうという判断から、コンペティションのかわりにコンクールという言葉を使うことになった。そして、コンクールという共通のテーマを主軸に据え置き、「パフォーミングアーツを競い合う」ことを手がかりにしながら、地域や分野を超えた事例による多種多様な議論を繰り広げることになった。それが、本書での重層的な議論を可能にさせたというわけだ。

ここで、本書を編んだ一人として個人的な思いを率直につづっておこう。これまでも、様々な領域を専門とする研究者との分野横断的な交流のなかで、多くの有意義な議論を交わしてきた。しかし、今回は少しばかり勝手が違った。編著者四人の間では少なくとも「音楽」という研究テーマを共有しているにもかかわらず、言葉の意味がうまく伝わらない（あるいは、伝えられない）というもどかしさを覚えたのだ。もっとも、たとえ共通する研究テーマがあろうとも、それぞれが専門にする研究領域は異なるものだ。もちろん、それぞれの分野に流儀や作法があることは重々承知していたものの、今回はその差異を目の当たりにすることになった。そのうえで、分野ごとの流儀や作法のあり方をめぐる議論は別稿に譲るとして、まずは編著者の間で言葉の意味を共有することが優先課題になり、それは執筆者間にも当てはまるものだった。そこで、差異を乗り越えるための作業を試みながら、分野横断的な議論を模索することになった。このようにして編まれたのが、本書というわけだ。そして、編著者と執筆者の間で共有された言葉は、閉ざされていた扉から解き放たれ、必ずや読者のもとへと届くはずだ。

最後に、ここまでこぎつけることができたのは、編著者と執筆者の尽力にほかならない。また、青弓社の矢野未知生氏にも感謝の意を表したい。

注

（1）日本音楽学会東日本支部「日本音楽学会 東日本支部通信」第六十二号、日本音楽学会東日本支部、二〇二〇年（http://www.musicology-japan.org/east/nl/eastnl62_b.pdf）［二〇二三年七月十八日アクセス］

専攻は移民・ディアスポラ文化、ポピュラー音楽
論文に「沖縄における女性民謡歌手と沖縄民謡の関係性の変化」(「日本オーラル・ヒストリー研究」第16号)、「米軍基地周辺の観光地化の可能性」(「年報カルチュラル・スタディーズ」第9号) など

上田泰史（うえだ やすし）
京都大学大学院人間・環境学研究科准教授
専攻は19世紀フランスを中心とするピアノ文化
著書に『「チェルニー30番」の秘密』（春秋社）、『パリのサロンと音楽家たち』（カワイ出版）、訳書にブリジット・フランソワ＝サペ／フランソワ・リュグノー『評伝 シャルル＝ヴァランタン・アルカン ピアノの錬金術師』（春秋社）など

垣沼絢子（かきぬま あやこ）
日本学術振興会特別研究員 PD、立命館大学衣笠総合研究機構専門研究員
専攻は演劇学
著書に『近代日本の身体統制』（人文書院）、論文に「踊る音楽／踊られる音楽」（「Arts and media」第11巻）など

ケイトリン・コーカー（Caitlin Coker）
北海道大学大学院文学研究院・大学院文学院・文学部准教授
専攻は人類学、身体化論、パフォーマンス研究
著書に『暗黒舞踏の身体経験』（京都大学学術出版会）、共著に『生きる智慧はフィールドで学んだ』『官能の人類学』（ともにナカニシヤ出版）など

今村宏之（いまむら ひろゆき）
国立民族学博物館外来研究員、京都外国語大学非常勤講師
専攻はインドネシア地域研究、文化人類学
連載に「世界のくらしと文化」全4回（「人権と部落問題」第71巻第12号—第72巻第3号）など

梶丸 岳（かじまる がく）
京都大学人間・環境学研究科助教
専攻は言語人類学、民族音楽学
著書に『山歌の民族誌』（京都大学学術出版会）、共著に『音楽の未明からの思考』（アルテスパブリッシング）、論文に「掛け合い歌はどのように場に埋め込まれるか」（「文化人類学」第84巻第4号）など

水上えり子（みずかみ えりこ）
会社員
専攻は民族音楽学、アイルランド伝統音楽

澤田聖也（さわだ せいや）
東京藝術大学大学院国際芸術創造研究科後期博士課程在籍

[編著者略歴]
宮入恭平（みやいり きょうへい）
立教大学ほか非常勤講師
専攻は社会学、ポピュラー文化研究、カルチュラル・スタディーズ
著書に『音楽と政治』（人文書院）、『ライブカルチャーの教科書』『ライブハウス文化論』（ともに青弓社）、『J-POP 文化論』（彩流社）、編著に『発表会文化論』（青弓社）、共編著に『「趣味に生きる」の文化論』（ナカニシヤ出版）、翻訳書にスージー・J・タネンバウム『地下鉄のミュージシャン』（朝日新聞出版）など

増野亜子（ましの あこ）
東京藝術大学・明治大学・国立音楽大学ほか非常勤講師
専攻は民族音楽学、音楽人類学
著書に『声の世界を旅する』、編著に『民族音楽学12の視点』（ともに音楽之友社）、共著に『音楽の未明からの思考』（アルテスパブリッシング）、論文に「バリの歌舞劇アルジャにおける有形と無形」（「国立民族学博物館研究報告」第46巻第2号）など

神保夏子（じんぼう なつこ）
日本学術振興会特別研究員 RPD（東京大学）、東京藝術大学ほか非常勤講師
専攻は演奏文化史、近代フランス音楽史
著書に『マルグリット・ロン』（アルテスパブリッシング）、共訳書にカンタン・メイヤスー『亡霊のジレンマ』（青土社）、論文に「国際音楽コンクール世界連盟の成立とその初期の活動（1956〜69）」（「桐朋学園大学研究紀要」第45集）など

小塩さとみ（おしお さとみ）
宮城教育大学教授
専攻は音楽学（民族音楽学）
著書に『日本の音 日本の音楽』（アリス館）、共編著に『現代日本社会における音楽』（放送大学教育振興会）、共著に『ビジュアル日本の音楽の歴史 ②近世』（ゆまに書房）、『唱歌で学ぶ日本音楽』（音楽之友社）、『音をかたちへ』（醍醐書房）など

[著者略歴]
吉光正絵（よしみつ まさえ）
長崎県立大学国際社会学部教授
専攻は社会学、ポピュラー文化研究、ジェンダー論
共編著に『ポスト〈カワイイ〉の文化社会学』（ミネルヴァ書房）、共著に『ジェンダーで学ぶメディア論』（世界思想社）、『よくわかる社会情報学』（ミネルヴァ書房）など

コンクール文化論《ぶんかろん》　競技としての芸術・表現活動を問う

発行――2024年1月30日　第1刷

定価――2400円＋税

編著者――宮入恭平／増野亜子／神保夏子／小塩さとみ

発行者――矢野未知生

発行所――株式会社青弓社
〒162-0801 東京都新宿区山吹町337
電話 03-3268-0381（代）
http://www.seikyusha.co.jp

印刷所――三松堂

製本所――三松堂

©2024

ISBN978-4-7872-7461-8　C0073

宮入恭平／薗田碩哉／歌川光一／佐藤生実 ほか

発表会文化論

アマチュアの表現活動を問う

習い事や合唱、ライブハウス、公募展、学校制度、教育行政、公共ホール、アメリカとの比較などの事例を検証して、アマチュアによる表現活動の仕組み、多様性、魅力に迫る。　定価1600円＋税

宮入恭平

ライブカルチャーの教科書

音楽から読み解く現代社会

ライブ文化の要点を読み解くために「メディア」「産業」「法律」「教育」ほかの視点を提示したうえで、フェスやレジャー、アニソンなどの具体的なトピックスをレクチャーする。　定価2000円＋税

相澤真一／髙橋かおり／坂本光太／輪湖里奈

音楽で生きる方法

高校生からの音大受験、留学、仕事と将来

音大のリサーチ方法から受験の準備、入学後のレッスン、卒業後の留学やキャリアの選択、演奏家の心身のケアまでを、音楽の道に進むなかで出合う出来事の順に沿って解説する。　定価2000円＋税

須川亜紀子

2.5次元文化論

舞台・キャラクター・ファンダム

アニメ・マンガ・ゲームの虚構世界を現実世界に再現して、虚構と現実の境界を楽しむ文化実践の魅力や特徴を、舞台・ミュージカルに焦点を当てて熱量あふれる筆致で描く研究書。　定価2000円＋税